Ansiedad

Cómo vencerla con terapia cognitivo conductual,
mindfulness y ejercicio

JORGE ORREGO BRAVO

AGRADECIMIENTO

Quiero agradecer a todos los valientes que nos han mostrado sus obstáculos y el coraje que necesitaron para enfrentarlos.
A mi pareja por la edición, a mi hijo por la carátula y a la serie The Good Place por amenizarnos la cuarentena

CONTENIDO

1 INTRODUCCION

Este libro se presenta como parte del resultado de varios años de estudio con personas que padecen invalidantes sensaciones de ansiedad, temores poco objetivos, fobias, o ataques de pánico.

Si sufres insuficiencia respiratoria, sensación de ahogo, malestar o dolor del pecho, palpitaciones o ritmo cardíaco acelerado, transpiración, vértigo o temblores incontrolados

Si temes llegar estar seriamente enfermo o morir enloquecer o perder el control, te cuesta afrontar situaciones cotidianas o si eres víctima de pensamientos obsesivos de lo que es difícil desprenderte, entonces es posible que padezcas algún trastorno de ansiedad, y este libro pueda ayudar a cambiar tu vida.

Este libro es un manual de autoayuda con base científica y te mostrará una puerta para controlar estos estados de ánimo como parte un programa práctico que paso a paso te mostrará como:

- Comprender las causas y la dinámica de tus sensaciones de ansiedad, temor, y ataques de pánico
- Entender la importancia del ejercicio físico para tratar la ansiedad
- Identificar y armonizar los roles de tu vida
- Reducir la ansiedad mediante técnicas de relajación
- Identificar el factor estrés y disminuirlo
- Reemplazar formas de pensamientos negativos, por otras más adaptativas
- Aprender aceptarte a ti mismo
- Afirmarte frente a los demás mediante técnica efectivas de comunicación y diálogo
- Controlar tus sentimientos perturbadores

- Desarrollar una sana autoestima

Las principales guías de práctica clínica basadas en la evidencia científica recomiendan la terapia cognitivo-conductual como el abordaje psicológico de primera línea para los trastornos de ansiedad, la depresión, los trastornos del sueño o el abuso de sustancias.

Este libro de autoayuda científica es una guía con la que aprenderás progresivamente información y las habilidades que se presentan en cada capítulo, para convertirlas en parte natural y automática de tu vida.

Para obtener buenos resultados, el libro tiene que utilizarse correctamente.

Las pautas siguientes describen cómo tener en él mayor éxito posible:

1. Mejor que leerlo de principio a fin, como una novela, es dedicar por lo menos una semana a cada capítulo, ya que cada lección nueva se basa en la anterior. El índice te dará una idea general del contenido del libro y las áreas en que trabajarás.
2. Lee y practica los ejercicios de cada capítulo varias veces, más aún si la información resulta difícil.
3. Puedes encontrar y descargar fichas de los ejercicios en la pagina www.atención.org, o si prefieres puedes utilizar una libreta con hojas en blanco y crear tus propias fichas.

Superar la ansiedad requiere más que conocimientos. Tu objetivo es internalizar la información y las estrategias presentadas en cada capítulo, convirtiéndolas en una forma natural de actuar.

Las actividades sugeridas cumplen un papel clave en este proceso. Cuanto más tiempo y energía les dediques, mayor será el éxito que obtendrás.

Así como se requiere toda una vida para desarrollar las pautas de comportamiento y pensamiento que dieron resultado a la ansiedad, requerirá tiempo, energía, y compromiso, aprender nuevas y efectivas maneras de actuar y pensar.

Si trabajas con el material de la manera adecuada, tendrás excelente posibilidad de alcanzar el éxito.

Mi deseo sincero es que este libro te ayude a dominar las ideas, que permitan recorrer el sendero hacia la libertad, la felicidad y la calidad de vida.

Felicidades estás a punto de iniciar una aventura contigo mismo…

2 LOS PRINCIPIOS DE LA ANSIEDAD

En la terapia cognitivo-conductual, el conocimiento científico juega un papel muy importante. Hoy en día hay gran cantidad de información sobre por qué sentimos como sentimos, por qué hacemos lo que hacemos, y cómo interactúan los pensamientos, las emociones y la conducta. Hay mucha información sobre cómo mejorar nuestra calidad de vida.

En este capítulo abordaremos los principios de la ansiedad y el estrés, proporcionando información acerca de los trastornos de ansiedad y sus diagnósticos específicos.

La ansiedad es nuestra herencia evolutiva

El estrés es un hecho habitual en nuestras vidas. Cualquier cambio al que debamos adaptarnos representa estrés. Es comprensible que la madre naturaleza nos proveyera con la respuesta de ansiedad para ayudar a ponernos en movimiento cuando estamos cerca de una situación de peligro real; sin embargo, tener un ataque de pánico causado por un teleoperador que nos presiona a comprar algo, o estresarnos al estar en medio de una muchedumbre mientras estamos de compras un sábado por la tarde, eso quizá es demasiado.

La respuesta de Lucha o Huida

La razón de que estas cosas pasen es nuestra respuesta al estrés, comúnmente llamada respuesta de "lucha o huida".

Nuestra forma de reaccionar ante los problemas, los peligros y las demandas del medio viene determinada por una actitud innata de "lucha o huida" heredada de nuestros antepasados.

En la práctica, esta respuesta de "lucha o huida" implica que ante los estímulos interpretados como amenazantes, se produzca un total ajuste de nuestra fisiología, de tal manera que estemos preparados para hacerle frente a amenazas repentinas (en el pasado eran los tigres dientes de sable, mamuts y ese tipo de cosas).

La energía es dirigida hacia los músculos, la digestión se inhibe, la respiración se acelera para asegurar que las células tengan suficiente oxígeno, la presión arterial se incrementa para darle a los músculos una fuente rápida de energía, etc.

En tan sólo un segundo, estamos perfectamente preparados para una violenta pelea o para una veloz huida. Sin nuestra respuesta al estrés, la raza humana no habría tenido oportunidad de sobrevivir.

Si alguna vez has escapado por poco de un accidente o simplemente has tenido una discusión muy fuerte con alguien, seguramente has experimentado este tipo de respuesta fisiológica.

La Ansiedad la hemos heredado

La efectividad del estrés como respuesta era probablemente un factor importante en la selección natural de aquellos que tuvieron que sobrevivir y engendrar futuras generaciones. Como resultado, poseemos en nuestro entramado bioquímico la tendencia innata a prepararnos para luchar o huir siempre que nos sentimos amenazados.

"Pedro", el hombre de la edad de piedra que se preguntaba si el sonido de los gruñidos que oía en la cueva venía de un oso que quería atacarle o de un oso con dolor de muelas, probablemente no vivió lo suficiente como para tener tantos hijos como "Vilma", una mujer de la edad de piedra que corrió para salvar su vida sin saber muy bien por qué.

En otras palabras, nuestros antepasados que poseían una respuesta de ansiedad efectiva sobrevivían. De este modo, el estrés y la ansiedad como respuesta sigue existiendo, a pesar de la falta de tigres con dientes afilados y de osos en las cuevas.

El problema es que las respuestas al estrés están programadas para activarse más a menudo de lo que nos convendría. Podríamos decir que, en cierto sentido, el estrés como respuesta de adaptación, está desactualizado en miles de años.

No debemos permanecer a merced de nuestras respuestas involuntarias.

El piloto automático corre su propia carrera

La razón por la que se sufre de estrés se debe a que tu sistema biológico de "lucha y huida" funciona increíblemente bien adaptándose a las nuevas amenazas. La razón por la que nos sentimos mal es que no tenemos demasiado control sobre esta respuesta automática.

Cuando se trata de lidiar con las amenazas, la madre naturaleza no se atreve a confiar en la razón y activa inmediatamente una respuesta automática. El piloto automático toma el control.

Como seguramente sabes, tu cuerpo es dirigido por dos sistemas diferentes: un sistema automático inconsciente y un sistema consciente "controlable".

El sistema automático inconsciente o "piloto automático", se ocupa de la mayoría de las cosas. Recibe millones de sensaciones y adapta el cuerpo para que todo funcione a la perfección. Adapta la presión arterial si es necesario, activa el crecimiento corporal, controla la digestión, regula los niveles de azúcar en la sangre, la temperatura, etc. En cuanto algo se desajusta, se corrige a base de hormonas, señales nerviosas y producción de las substancias requeridas.

El piloto automático activa la respuesta al estrés

Cuando el piloto automático recibe señales de la vista, el oído, el tacto, etc. se lleva a cabo una rápida evaluación para determinar si esas señales tienen algún contenido negativo o potencialmente amenazador.

Hoy en día, vivimos en un mundo donde recibimos una gran cantidad de información sobre potenciales amenazas las veinticuatro horas del día (crisis económica, guerras, gripe, desempleo, cambio climático…). Nuestras propias vidas están llenas de amenazas a nivel personal (perder el trabajo, planes de jubilación, índices de interés elevados, educar a los hijos, el riesgo de fracasar ante los demás…).

En la práctica, esto significa que el piloto automático está activando permanentemente una mayor o menor respuesta al estrés.

Un científico famoso, Robert Sapolsky, utilizó una comparación acertada: *"Una cebra corre delante de un león durante diez minutos; nosotros corremos durante treinta años de la amenaza de no poder pagar nuestras hipotecas".*

Es difícil resistirse al piloto automático

Sin embargo, dado que contamos con la conciencia y con la razón, cuando sentimos ansiedad muchas veces no entendemos bien lo que está pasando. El piloto automático nos desactiva y no podemos controlar lo que nos pasa.

Como resultado, andamos por ahí con una sensación de malestar en el estómago y sintiéndonos con ganas de pelear o correr a escondernos. Se podría decir que, por dentro, estamos corriendo al máximo para escapar de lo que nos resulta desagradable y a la vez por fuera, nos quedamos quietos y nos preguntamos por qué nos sentimos así.

Aquí es más o menos, donde empieza lo que llamamos ansiedad.

La vulnerabilidad varía

Probablemente te hayas dado cuenta de que diferentes personas reaccionan de manera distinta a las fuentes de estrés. Algunas personas apenas reaccionan, mientras que otras lo hacen de forma intensa.

Algunas personas pueden vivir su vida a un ritmo desenfrenado, mientras otras en la misma situación enfermarían.

Hay muchos factores que interactúan y contribuyen a los distintos efectos del estrés en distintas personas y, estudios recientes han mostrado que existe una parte de vulnerabilidad genética y biológica.

Es importante recordar que la vulnerabilidad significa solamente eso: una mayor predisposición a sentir ansiedad. Además del nivel de vulnerabilidad también influye el ambiente (cómo es tu vida) y la manera en la que has aprendido a lidiar con el mundo que te rodea (cómo te manejas en él).

Esto significa que tienes todas las posibilidades de asegurar que tu alto nivel de vulnerabilidad no te controle. Al conocerte a ti mismo, podrás desarrollar una manera completamente distinta de enfrentar tus preocupaciones, controlando en cuanto aparezcan los síntomas que reflejan la presencia de ansiedad y estrés.

El gen para aprender rápidamente y el gen para aprender lentamente la respuesta de ansiedad

Hay dos variantes diferentes del gen que controla la velocidad con la que "aprendemos" la respuesta al estrés. Para una de estas variantes, bastan tan sólo unas cuantas experiencias ante estímulos interpretados como amenazantes, para automáticamente responder con síntomas que reflejan la presencia de ansiedad ante circunstancias parecidas.

Si tienes la otra variante del gen, harán falta varias repeticiones para llegar a responder con ansiedad de manera automática. El término técnico para este tipo de aprendizaje de respuestas es "condicionamiento".

Un ejemplo en nuestras vidas es el estrés en el trabajo. Una persona con el "gen rápido" ante unas pocas situaciones estresantes en el trabajo - como por ejemplo sentirse evaluado por un superior o por sus compañeros - puede desencadenar síntomas de ansiedad.

Una persona con la variante del "gen lento" no empezará a desarrollar síntomas de ansiedad en el trabajo sino hasta que haya pasado un período de tiempo relativamente largo en que se repiten aquellas situaciones.

El siguiente ejemplo de psicología experimental muestra cómo funcionan las diferentes variantes del gen para aprender la respuesta de ansiedad:

Estás sentado en una habitación, mirando unas fotografías. Justo después de haber visto una fotografía de una araña, recibes una pequeña pero desagradable descarga eléctrica. Esto se repite una y otra vez. Tu miedo a la fotografía de la araña se mide de distintas maneras (por ejemplo, midiendo tu sudor y tu pulso, así como la actividad en el centro del miedo de tu cerebro).

Éste es el resultado:

- Con una variante del gen, aprendes con rapidez a temer la descarga eléctrica nada más ver la fotografía de la araña. Sólo necesitas haber pasado por el procedimiento unas pocas veces. Después de eso, reaccionarás con miedo ante la fotografía.

- Con la otra variante del gen, el procedimiento tendrá que repetirse bastantes veces más y necesitarás más descargas eléctricas antes de que la fotografía de la araña empiece a evocar miedo.

Genes para "desaprender" rápida o lentamente la respuesta de ansiedad.

Otro gen controla la velocidad con la que podemos "desaprender" la respuesta de ansiedad, y este gen también viene con dos variantes. Una de las variantes hace que la conexión con la ansiedad desaparezca rápidamente mientras que la otra variante hace que se tarde un poco más. El término técnico para este "desaprendizaje" es "extinción".

En el ejemplo cotidiano, la diferencia residiría en que para algunas personas un período corto de tiempo en el trabajo "sin situaciones que le disparen la respuesta de ansiedad", será suficiente para reducir el estrés, mientras que, para otras personas, el tiempo deberá ser mayor.

Este ejemplo de psicología experimental muestra cómo funciona el gen de desaprender o de extinción:

Estás sentado en una habitación mirando unas fotografías y has aprendido a reaccionar con ansiedad ante la fotografía de una araña (lo aprendiste recibiendo una descarga eléctrica después de cada fotografía con una araña, de manera que al final, el simple hecho de ver la fotografía te hacía responder con miedo).

Para ver a qué velocidad puedes desaprender la ansiedad, vamos a hacer las cosas al revés. Estás sentado en la misma habitación mirando fotografías de arañas, pero las fotografías de arañas ya no vienen seguidas de descargas eléctricas. Medimos cuánto tardas en dejar de reaccionar ante las fotografías con arañas.

Resulta que hacen falta diferentes períodos de tiempo antes de que el miedo a la descarga eléctrica desaparezca, dependiendo de la variante de gen que se tenga.

Con la variante del "gen lento", necesitarás ver la fotografía de la araña muchas veces sin la consecuente descarga eléctrica, antes de que desaparezca tu miedo a la ante la imagen de la araña.

Con la variante del gen rápido, sólo unos cuantos vistazos a la fotografía de la araña sin una descarga eléctrica serán suficientes para que la fotografía de la araña deje de evocar miedo.

Diagnósticos relacionados con la ansiedad

Existen distintos diagnósticos relacionados con la ansiedad y la diferencia entre ellos radica principalmente en la fuente de miedo y/o preocupación.

Trastorno de ansiedad generalizado (TAG)

¿Te preocupas con exceso por minucias? ¿eres un perfeccionista? ¿sientes de manera constante una preocupación corrosiva por los problemas del día a día o por cosas que puedan pasar? Además de eso, ¿tienes problemas para desconectar de tus preocupaciones y apartar ese tipo de pensamientos? En ese caso, probablemente sufras un trastorno por ansiedad generalizada.

El trastorno por ansiedad generalizada (TAG) significa lo que podríamos llamar "fobia al futuro". Por encima de todo, una persona que padece TAG experimenta una preocupación enorme sobre un gran número de cosas y le es difícil relajarse.

Deberías cumplir con estos criterios para que te diagnosticaran un trastorno por ansiedad generalizada:

- Ansiedad y preocupación excesivas sobre una amplia gama de acontecimientos o actividades (como el rendimiento laboral o escolar), que se prolongan más de 6 meses.
- Haber experimentado dificultades claras para controlar tu ansiedad/preocupación.
- Haber experimentado al menos tres de estos síntomas con relación a tus preocupaciones (algunos de los cuales han persistido más de 6 meses).
- Inquietud o impaciencia
- Cansarte con facilidad
- Dificultad para concentrarte
- Irritabilidad
- Tensión muscular
- Dificultades para dormir
- Experimentar preocupaciones que no están causadas por otros problemas médicos o psicológicos (por ejemplo, depresión, bulimia, problemas de tiroides, psicosis, etc.)

- Tener preocupaciones que son tan fuertes que hacen que te resulte difícil llevar una vida normal.
- Experimentar preocupaciones que no son un efecto de un medicamento, del alcohol o de otras drogas.

Trastorno por Ansiedad Social – Fobia Social

¿Eres una de esas personas tímidas? Si es el caso, tienes algo en común con millones de personas. La timidez puede ser una forma moderada de fobia social o trastorno por ansiedad social como se le llama hoy en día.

La fobia social significa que tienes un fuerte y persistente miedo a una o varias situaciones sociales. Generalmente se reduce a hacer algo frente a personas que te pueden observar y que no pertenecen a tu ámbito familiar. Esto puede aplicarse a varias situaciones diferentes como hablar en público, comer con otra gente u orinar en un baño público. Encontrarse en estas situaciones causa casi siempre un fuerte miedo o ansiedad y a veces hasta se pueden experimentar ataques de pánico.

Si sufres de trastorno por ansiedad social probablemente eres bastante consciente de ello y es probable que te acuses de ser estúpido y demasiado sensible, ya que crees que deberías ser capaz de manejar estas situaciones.

Entre un 7% hasta el 15% de la población padecen fobia social en algún momento de sus vidas, lo cual hace que sea de lejos, uno de los problemas psicológicos más comunes.

Deberías cumplir estas características para que te diagnosticarán un trastorno por ansiedad social:

- Haber experimentado un fuerte y persistente miedo en una o más situaciones sociales donde estabas expuesto a personas desconocidas o corrías el riesgo de ser observado de cerca por otras personas.
- Sentir casi siempre un sentimiento de ansiedad en esas situaciones. La ansiedad puede ser, a veces, tan fuerte como para provocar un ataque de pánico.
- Considerar que tus preocupaciones al respecto son exageradas e ilógicas.
- Evitar las situaciones sociales temidas o pasar por ellas sintiendo una fuerte ansiedad y/o gran incomodidad.
- Que la evitación de estas situaciones sociales suponga un gran impedimento para tener una buena vida.

El trastorno por ansiedad social no debería tener causas médicas ni poder ser mejor explicado por otros problemas psicológicos.

Ataques de pánico y trastorno por pánico

Cuando la ansiedad se descontrola y se convierte en un fuerte miedo a morir, sintiendo que te vuelves loco o cayendo enfermo, estás teniendo un ataque de pánico. Un ataque de pánico temporal no es nada peligroso y puede pasarle a cualquier persona en una situación de gran estrés. No es hasta que un ataque de pánico te lleva a temer otros ataques de pánico o a cambiar tu comportamiento, que se convierte en un serio problema trastorno por pánico.

Agorafobia

La agorafobia es una respuesta de miedo (fobia) a estar en lugares o situaciones de las cuales es difícil salir o donde es difícil conseguir ayuda si tienes un ataque de pánico. Como, por ejemplo, el estar en medio de una multitud de gente, visitar unos grandes almacenes o hasta estar solo en casa.

El tratamiento de la agorafobia incluye el tratamiento para los ataques de pánico y el comportamiento evitativo, ya que se asocian generalmente a ella.

Deberías cumplir estas características para que te diagnosticaran un trastorno por pánico:

Haber experimentado recurrentes ataques de pánico, es decir, distintos periodos de miedo intenso o desasosiego y donde al menos 4 de los siguientes síntomas aparecieron con rapidez alcanzando su máximo nivel en diez minutos:

- Sentir que te ahogas
- Dolor en el pecho
- Miedo a morir
- Sudar
- Temblores o sacudidas
- Entumecimiento u hormigueo
- Fuerte latir del corazón o palpitaciones
- Dificultades respiratorias
- Vértigo, mareo o inestabilidad
- Miedo a perder el control o volverse loco
- Sudores o frío repentino
- Sentir que la situación no es real

Al menos uno de los ataques del último mes debe ser precedido por al menos uno de los siguientes problemas:

- Miedo a sufrir otro ataque de pánico
- Preocupación por las consecuencias de los ataques (por ejemplo,

perder el control, tener un ataque al corazón, volverse loco)
- Haber cambiado el comportamiento debido a los ataques de pánico
- Los ataques no tienen causas médicas como drogadicción o hipertiroidismo.
- Los ataques no están causados por otro problema psicológico.

Trastorno de pánico con agorafobia significa que además de todo lo mencionado anteriormente, tienes un fuerte miedo a estar en lugares o situaciones de las cuales es difícil salir o donde es difícil conseguir ayuda si tienes un ataque de pánico.

Fobias específicas

Fobia a las arañas, a volar, a las serpientes, los truenos, las abejas, las que quieras en teoría, hay tantas fobias específicas como animales, objetos y situaciones en nuestro mundo.

La mayoría de la gente tiene varios tipos de miedo y para un 10% de ellos, este miedo es lo suficientemente grave para ser llamado fobia.

Mucha gente no intenta conseguir ayuda para su fobia dado que es más fácil cargar con ella evitando lo que les resulta aterrador, que exponerse al malestar que el tratamiento implica. Al mismo tiempo, es una lástima, ya que la terapia cognitiva conductual es extremadamente acertada tratando este tipo de ansiedad. Más del 95% de la gente tratada por fobias específicas se libran de su problema generalmente en poco tiempo.

Las fobias específicas pueden empezar diversas maneras. Muchas de ellas son el efecto de una experiencia difícil, un trauma. Otras, pueden aparecer después de haber experimentado un ataque de pánico a una determinada situación, o aprender una fobia viendo cuan asustadas están otras personas en un momento determinado. ¡Las fobias pueden ser contagiosas!

Trastorno por estrés Postraumático (TEP)

La gente que ha pasado por algún tipo de dificultad o de experiencia traumática puede desarrollar lo que se conoce como trastorno por estrés postraumático (TEP), una respuesta de estrés como consecuencia de esa experiencia.

Las experiencias que pueden llevar a un riesgo creciente de TEP incluyen, por ejemplo, haber estado en una guerra, haber sido violado o haber presenciado o formado parte de un duro accidente, es decir, situaciones donde sientes un fuerte miedo y te sientes desvalido.

El TEP se caracteriza por el hecho de que se revive la experiencia de distintas maneras, por ejemplo, a través de recuerdos intrusivos, pesadillas o con ataques de pánico en situaciones que son reminiscencias de la experiencia original. Las recreaciones de la experiencia pueden expresarse en forma de problemas de memoria, evitación de ciertas experiencias y falta de compromiso emocional.

Trastorno Obsesivo-Compulsivo (TOC)

Al salir de casa, muchos de nosotros probablemente miramos fugazmente los fogones y los aparatos eléctricos para asegurarnos de que todo está apagado y después comprobamos que la puerta esté cerrada. Del mismo modo, también nos lavamos las manos rápidamente después de ir al retrete. Cuando comprobar cosas o lavarse se convierte en un extenso y exhaustivo ritual que se repite una y otra vez, significa que sufres un trastorno obsesivo compulsivo.

Con otro trastorno por ansiedad, la amenaza es generalmente un objeto, una situación o un recuerdo. Con el TOC, la amenaza es un pensamiento, una imagen o un impulso que intentas evitar de la misma manera que una persona con fobia a las serpientes intenta evitar las serpientes.

Un ejemplo típico: Intenta no pensar para nada en una jirafa. Si realmente lo intentas, puede que, durante todo el día, intentando evitar conscientemente pensar en una jirafa, entonces entenderás lo difícil que resulta. Para una persona con TOC, esto forma parte de su día a día, todo el tiempo intentando no pensar en ciertas cosas o ver ciertas imágenes.

El trastorno obsesivo compulsivo puede incluir compulsiones y/o obsesiones. Las obsesiones son pensamientos intrusivos, imágenes o impulsos que parecen ilógicos y "raros" hasta a las personas con TOC, y que intentan evitar de distintos modos. Las compulsiones son acciones que haces para evitar que se dispare la ansiedad a causa de esos pensamientos o imágenes. A menudo, hay un sentimiento que acompaña el acto compulsivo, causando que este se repita hasta que nos "sintamos bien". El TOC puede ser muy incapacitante. Formas leves del TOC pueden ser tratadas con éxito aplicando autoayuda.

3 LOS BENEFICIOS DEL EJERCICIO

Aunque los efectos positivos del deporte y la actividad física se conocen desde hace ya largo tiempo, su aplicación a la promoción de la salud del cerebro de las personas sigue siendo limitada. Aparte de los impactos directos que tiene sobre el organismo (fortalecimiento del sistema cardiovascular, aumento de la masa muscular, mejoramiento del estado físico) equilibra estados de ánimo y aclara el pensamiento.

El ejercicio combate las hormonas del estrés y ayuda en la producción de antioxidantes. El ejercicio continuado mejora la ansiedad, el pánico y el estrés casi como los medicamentos. Si mueves tu cuerpo, se engaña al cerebro que sale de la hibernación y reduce los síntomas de la depresión.

Para los fumadores que intentan dejar de fumar, 5 minutos pueden ayudar con la irritabilidad asociada. Los mayores de 60 años que hacen ejercicio regularmente de 60 a 70 por ciento de su ritmo cardíaco máximo condujo a un aumento de tamaño de la corteza del cerebro.

Para las mujeres, un beneficio adicional de las actividades aeróbicas es que pueden reducir los niveles de los síntomas premenstruales.

Aunque esta es buena noticia para todos, es aún mejor para ese nueve de cada diez personas que en España han sentido síntomas de ansiedad en el último año, porcentaje que equivale a casi 12 millones y medio de españoles.

El costo de la ansiedad puede ser alto: aumenta el riesgo de una persona de otros trastornos como la depresión, y puede contribuir a la diabetes y los problemas cardiovasculares. Un estudio aleccionador muestra que las personas con ansiedad tienden a ser más sedentarias y a realizar formas menos intensas de actividad física. Eso es irónico, porque atarse las zapatillas de deporte y salir y moverse puede ser la mejor solución no médica que tenemos para prevenir y tratar la ansiedad.

Como profesionales que estudiamos los efectos del ejercicio en el cerebro, no solo vemos la ciencia, somos testigo de primera mano de cómo la actividad física afecta a nuestros atendidos.

La investigación muestra que el ejercicio aeróbico es especialmente útil. Un simple paseo en bicicleta, una clase de baile o incluso una caminata rápida pueden ser una herramienta poderosa para quienes sufren de ansiedad crónica. Actividades como estas también ayudan a las personas que se sienten demasiado nerviosas y ansiosas por una próxima prueba, exámen, una gran presentación, o una reunión importante.

¿Cómo ayuda el ejercicio a aliviar la ansiedad?

Hacer ejercicio te desvías de lo que te preocupa. Mover el cuerpo disminuye la tensión muscular, disminuyendo la contribución del cuerpo a sentirse ansioso.

Aumentar la frecuencia cardíaca cambia la química del cerebro, lo que aumenta la disponibilidad de importantes neuroquímicos contra la ansiedad, como serotonina, ácido gamma aminobutírico (GABA), factor neurotrófico derivado del cerebro (BDNF) y endocannabinoides.

El ejercicio activa las regiones frontales del cerebro responsables de la función ejecutiva, lo que ayuda a controlar la amígdala, nuestro sistema de reacción ante amenazas reales o imaginarias para nuestra supervivencia.

Hacer ejercicio regularmente acumula recursos que refuerzan la resistencia contra las emociones tormentosas.

Todo tipo de actividad física es buena

Entonces, ¿cuánto ejercicio necesita uno para protegerse contra episodios de ansiedad y trastornos de ansiedad? Si bien determinar esto no es fácil, un metaanálisis encontró que las personas con trastornos de ansiedad que informaron actividad física de alto nivel estaban mejor protegidas contra el desarrollo de síntomas de ansiedad que aquellas que informaron actividad física baja. En pocas palabras: cuando se trata de tratar la ansiedad, más ejercicio es mejor.

Si recién estás comenzando, no te desesperes. Algunas investigaciones también muestran que una sola sesión de ejercicio puede ayudar a aliviar la ansiedad cuando ataca.

El tipo de ejercicio que elija puede no importar mucho. Los estudios apuntan a la efectividad de todo, desde el tai chi hasta el entrenamiento en intervalos de alta intensidad. Las personas experimentaron mejoras sin importar qué tipo de actividad intentaran. Incluso la actividad física general es útil. Lo importante es probar actividades y seguir haciéndolas.

La mayoría de los estudios muestran que el ejercicio aeróbico alivia significativamente los síntomas de cualquier trastorno de ansiedad. Pero el ejercicio también ayuda a la persona promedio a reducir los sentimientos normales de ansiedad. La elegancia del ejercicio como una forma de lidiar con la ansiedad, en la vida cotidiana y en forma de trastorno, es que funciona tanto en el cuerpo como en el cerebro.

Para maximizar los beneficios:

- Elija algo agradable para que lo haga repetidamente, creando resistencia.
- Trabaja para aumentar tu ritmo cardíaco.
- Trabaja con un amigo o en un grupo para obtener el beneficio adicional del apoyo social.
- Si es posible, haz ejercicio en la naturaleza o en un espacio verde, lo que reduce aún más el estrés y la ansiedad.

Si bien los estudios científicos son importantes, no necesita consultar una tabla, estadísticas o un experto para saber qué tan bien se siente después de sudar. Recuerda esos sentimientos y úsalos como motivación para hacer algo físico todos los días.

¡Es hora de levantarse y ponerse en movimiento!

¿Por qué quiero, pero no puedo?

Ahora sabes que el ejercicio es bueno para la mente y el cuerpo, incluso quieres hacer ejercicio, pero como muchas personas te cuesta empezar y/o seguir con el ejericio.

Suceden muchas cosas entre proponerse algo y hacer un cambio de comportamiento. Para la mayoría de las personas que desean hacer cambios duraderos, la línea del éxito no es una recta. Todo cambio pasa por seis fases.

Para tener éxito en nuestros propósitos hay que "pasar de la etapa actual a la siguiente."

Estas son las etapas que se relacionan a hacer ejercicio:

Precontemplación

Si no tienes la intención de tomar medidas para hacer ejercicio, estás en la etapa de precontemplación. Durante esta etapa, aún no estás preparado. Puede que necesites más información para ayudarte a despertar el interés.

Contemplación

Estás pensando en tomar medidas para hacer ejercicio. En esta etapa es útil que medites sobre pros y los contras de hacer ejercicio. Esto puede ayudarte a identificar las barreras personales, puede ser, por ejemplo, que te avergüence que te vean tus vecinos corriendo o que el hacer ejercicio es algo que se te impone y no has elegido tú. En esta etapa puede ser conveniente proyectarte hacia el futuro e imaginar lo que tu vida sería si logras tu objetivo de hacer ejercicio (y si no lo haces).

Preparación

En esta etapa tienes previsto tomar medidas para hacer ejercicio. Durante esta etapa es importante establecer metas claramente, sostenibles y medibles. Aquí está un ejemplo de un buen objetivo: "Caminaré media hora después de la cena todos los lunes, miércoles y viernes". Compara esto con un objetivo débil. "Voy a hacer más ejercicio"

Otro signo de un objetivo bien formado es que encaja con tus "objetivos de vida en general". Si odias las mañanas y decides madrugar todos los días para salir a correr es probable que esa idea sea una receta para el fracaso.

Acción

En esta etapa has tomado medidas para empezar, pero no has resuelto tus dificultades con la falta de ejercicio. Estar atento durante esta etapa es primordial. Es probable que caigas en la tentación de abandonar tus buenas prácticas. Si te has ido fuera de pista, vuelves a comenzar de nuevo.

De mantenimiento

En esta etapa es importante ser constante con la práctica de ejercicio. Los nuevos hábitos se integran a través de la repetición, la conciencia constante y la rendición de cuentas, es importante recordar que, durante esta etapa, la clave está en practicar, practicar y practicar.

Terminación

Aquí has logrado el sueño de "cambio de comportamiento", el hacer ejercicio se ha convertido en un "hábito", que ya no requiere una batalla interna.

Algunas barreras que nos impiden hacer ejercicio

Tomar la decisión de hacer ejercicio regularmente lleva a un frustrante ciclo que se inicia con buenas intenciones, pero que no tiene continuidad.

¿Por qué es así? Los cambios que quieres hacer deben producirse dentro de un escenario en el que tienes otras prioridades e influencias, como son la sensación de hambre, el deseo de consuelo, las emociones desagradables, las expectativas de otros y las responsabilidades familiares y de trabajo.

Una vez analizados todos estos factores y tu experiencia pasada, queda claro que hacer ejercicios no es tu único objetivo.

¿Por qué en el pasado no pudiste cambiar hábitos de vida? Puedes pensar que se debe a la pereza, al cansancio, o a que simplemente estás muy ocupado. Desgraciadamente, estas explicaciones son demasiado simples y, a menudo, dilatan la solución del problema.

Además, no te ayudan a saber qué es lo que debes hacer de forma distinta. Según sea tu carácter, puedes pasar desde aceptar una explicación, a enfadarte o, simplemente, rendirte.

Hay diversas razones que te llevan a alejarte del camino, actuando impulsivamente ante sensaciones incómodas, reaccionando de forma áspera frente a tus errores o dirigiendo tu atención y energía hacia las expectativas de otras personas.

Una vez identificadas las barreras que te impiden seguir el camino analizándolas fríamente, estarás en posición de atacar eficazmente el problema, en lugar de esconderlo enterrado en tu frustración y continuas desilusiones.

Para conseguir éxito en un proyecto, es necesario que se realicen bien varias cosas. Entre otros factores, debes saber:

1.- Lo que hay que hacer.

2.- Para qué se hace.

3.- Cuál es la meta última.

4.- Controlar las posibles distracciones y mantener alta la confianza.

Una barrera se produce cuando tienes dificultades en áreas que te impide seguir el camino que te has trazado. Cada barrera muestra un elemento importante que hay que cambiar para tener éxito.

Las dificultades que surgen en cada área pueden provocar frustración, sobre todo si no se entienden o no se identifican. Te animamos a que veas cada barrera como una oportunidad para entender, aprender, confrontar y superarlo.

1a Barrera: No estás verdaderamente preparado para hacer ejercicio

A lo mejor estás pensando que el plan de ejercicios se conseguirá solo con proponértelo. Quizás has empezado demasiado pronto sin estar preparado para el cambio. O quizás no valoras tu salud lo suficiente como para pensar que una de tus prioridades es tener un estilo de vida saludable para tu cerebro.

Soluciones:

- Haz una lista de pros y contras de hacer ejercicio.
- Haz real tu futuro, considera de forma objetiva qué es lo que puede suceder si mantienes el modelo de vida actual.

- Con el fin de evitar que empieces sin estar preparado, ponte a prueba con una meta a corto plazo y prepárate para ella y para los cambios que sean necesarios con el fin de conseguirla.

Usa sistemas visuales como un gráfico con los días que haces ejercicio para ir viendo tus progresos.

2a Barrera: No encuentro los objetos que necesito para hacer ejercicio.
Para hacer cualquier tipo de actividad física se requiere organización. Por ejemplo, tener las zapatillas y la ropa deportiva a mano. Hacer y deshacer el bolso deportivo.
Soluciones:

- Deja la ropa deportiva preparada el día anterior.
- Coloca la ropa en un lugar que te recuerde lo que tienes planeado hacer.
- Si vas a ir al gimnasio haz una lista de las cosas que tienes que llevar: ropa deportiva, ropa de muda, toalla, elementos de higiene, ¡la llave de la taquilla!, dinero, las llaves de tu casa...
- Conoce tu bolso del gimnasio. Piensa dónde irá la ropa limpia, la ropa sucia, y la ropa húmeda. Puede que tengas que llevar la tarjeta de socio, el candado de la taquilla, tus documentos...
- Deshace el bolso del gimnasio cuando llegues a casa y coloca los objetos y la ropa sucia y/o mojada en el lugar que corresponda.

Reacciona de manera positiva ante tus errores. Si olvidas la llave de la taquilla, toma nota para la próxima vez. Y si te vuelve a pasar, escribe los pasos, visualízate haciéndolo de la manera correcta y toma nota para la próxima vez... Y si te vuelve a pasar, toma nota para la próxima vez..., el único error es rendirse

3a barrera: No tengo tiempo para hacer ejercicio
La falta de tiempo es un obstáculo común, pero puede solucionarse. Pregúntese cuánto ve televisión o pasa conectado a Internet y trate de definir prioridades.
Soluciones:

- Levántate antes y haz una breve caminata.
- Usa las escaleras en vez del ascensor, al menos por unos pocos pisos.
- Establece un horario con un amigo para compartir actividad física regularmente.
- Desarrolla una rutina que puedas hacer en casa. Mientras miras TV o lees, camina en una cinta o use una bicicleta fija.

4a barrera: Estoy demasiado cansado para hacer ejercicio.

Mucha gente descubre que está menos cansada una vez que se ha embarcado en un programa regular de ejercicio. Una actividad física regular da más energía.

Soluciones:

- Empieza despacio. Recuerda que un poquito de movimiento es mejor que nada.
- Haz ejercicio de mañana. Esto te dará más energía durante todo el día.
- Cuando vuelvas del trabajo, no te sientes a ver TV o a leer el diario. Ponte las zapatillas y sal a caminar o está en movimiento.

5a barrera: El ejercicio no me gusta

Mucha gente siente que la actividad física es aburrida o molesta. Entre las numerosas alternativas, hallará alguna que disfrutes. Busca, experimenta: encontrarás.

Soluciones:

- No te concentres solo en el movimiento. Mientras haces actividad física puedes trabajar en el jardín, estar con amigos, bailar o expresarte con el cuerpo. La manera en que encuadres mentalmente el ejercicio puede cambiar mucho las cosas.
- Mezcla actividades. No te sientas atado a una sola opción, como caminar. También puedes nadar, jugar al fútbol con tu hijo, o andar en bici.
- Escucha música al hacer ejercicio. Las personas con ansiedad llevan muy bien el lograr sintonizar música, ritmo y el movimiento del cuerpo. Estimula el cerebro y hace pasar más rápido el tiempo.
- Piensa en el tiempo de actividad como en tiempo para ti: te hará sentir mejor.
- Prueba algún videojuego de ejercicios, como por ejemplo los de la consola.

6a barrera: Tengo muchos años para el ejercicio. ¿Y si me hace mal?

Nadie tiene muchos años ni está demasiado excedido. La actividad física moderada ayuda a mantener el peso y demora enfermedades asociadas con la edad. Eso sí, consulta al médico antes de empezar.

Soluciones:

- Empieza lentamente y acostúmbrate al aumento de actividad, en forma gradual.
- Caminar es bueno para empezar. También, bicicleta fija o

ejercicios en el agua.

- Haz estiramiento. La flexibilidad mejora la movilidad en articulaciones y músculos.
- Considera ejercicios de poca resistencia, como el uso de bandas elásticas.
- El dolor muscular después del ejercicio es común, especialmente al principio. Si duele durante, puede ser un motivo de alarma.

7a barrera: Empiezo con entusiasmo, pero no lo mantengo

Un error habitual es comenzar un programa de intensidad demasiado alta y que progresa muy rápido. Si el cuerpo no está habituado, se puede sentir dolor y rigidez. El aburrimiento es otro enemigo.

Soluciones:

- Prueba nuevas actividades, quizás te entusiasma una clase de boxeo o el baile.
- Entrena con un amigo, es más divertido, lo harás más y durante más tiempo y al final obtendrás mejores resultados.
- Estudios han demostrado que compartir tus logros en medios sociales aumenta el compromiso de seguir con el ejercicio.
- Va paso a paso. Sé realista, establece metas que puedas cumplir. Una a corto plazo puede ser subir por la escalera en lugar del ascensor, tres veces por semana.
- Ponte metas a largo plazo, podrías por ejemplo apuntarte a una carrera de 5 kilómetros.

8a barrera: El ejercicio me hace entrar en pánico

Un cuerpo que está pasando por un ataque de pánico, es fisiológicamente muy similar a un cuerpo que trota felizmente por un sendero del parque:

- La frecuencia cardíaca aumenta durante el pánico y aumenta durante el ejercicio.
- La tasa de respiración aumenta durante el pánico y aumenta durante el ejercicio.
- La adrenalina aumenta durante el pánico y aumenta durante el ejercicio.

Este se debe a que, durante el ejercicio, la hormona del estrés puede aumentar, porque el esfuerzo activa el sistema nervioso simpático. Las personas que tienen trastorno de pánico están hiper-sintonizadas con cualquier aumento en las hormonas del estrés, e interpretan esos cambios en el cuerpo como peligrosos, lo que lleva a más cortisol, adrenalina y excitación del sistema nervioso. Este ciclo puede conducir muy rápidamente a un ataque de pánico.

Soluciones:

- Comienza en un ambiente confortable. Omite el gimnasio, por ahora, si provoca agorafobia o alguna sensación de malestar. Puedes comenzar a hacer ejercicio en tu propia casa. Prueba bailar y trotar en el lugar, son formas legítimas de hacer latir tu corazón.

- Toma pequeños pasos. Trátate amablemente. Si las sensaciones del ejercicio te asustan, comienza lentamente. Ve si puedes correr o bailar durante treinta segundos. Luego te detienes. No exageres el primer día. Pruebe un minuto completo el día 2. Si eso funciona, intente dos minutos al día siguiente. El objetivo, en este punto, es volver a familiarizarse con las sensaciones físicas, asociadas a la actividad física.

- Distraete de las sensaciones incómodas (al principio). Intenta concentrarte en la música mientras corres o bailas, o trata de ver un programa de televisión en tu sala de estar mientras haces pilates. Si prestas atención a la trama, el ritmo musical o las letras, en lugar de centrar una atención estricta en tu cuerpo, tu sesión de ejercicio probablemente se sentirá menos desalentadora.

- Finalmente exponerse a las sensaciones del ejercicio físico (y pánico) de otras maneras. Si sentirse sofocado o sudoroso es un desencadenante de pánico para ti, intenta pasar un rato en tu baño después de ducharte. Siente el calor y déjate sudar un poco. Observa las sensaciones en tu piel. Simplemente presta atención a cómo se sienten tus manos, piernas y cuerpo. Cuanto más a menudo te des cuenta y aceptes estas sensaciones, más te insensibilizarás a su incomodidad. La habituación a las sensaciones incómodas, y las estrategias de aproximación progresiva a lo que temes, son dos estrategias claves de este libro, que empezaremos a trabajar en el capítulo 6.

Existen motivaciones ocultas que nos sacan del camino del ejercicio físico. Para saber si no tienes claros tus objetivos ni tu plan de acción, pregúntate

¿En qué lugar de la lista de prioridades está el hacer ejercicio?

Para saber si está actuando el desahogo de librarse de sensaciones molestas, pregúntate ¿con qué frecuencia utilizo la comida, el alcohol, el tirarme en la cama, el ver televisión o jugar a los videojuegos, para reconfortarme cuando me siento mal?

Para saber si está actuando la necesidad de autonomía, pregúntate ¿pienso que el ejercicio es algo que debo hacer presionado por otros y no es una elección que he hecho libremente?

Para saber si está actuando la necesidad de evitar los riesgos de estar más sano, pregúntate ¿cómo puede cambiar para peor mi vida si me encuentro más fuerte y sano?

Para saber si está actuando la necesidad de tener una válvula de escape, pregúntate ¿con qué frecuencia reviso cuáles son mis necesidades y deseos personales?

Para saber si está actuando la necesidad de evitar conflictos con otros, pregúntate ¿dejo de hacer ejercicio por no ser capaz de decir no a los requerimientos de otro?

Plan progresivo de 12 pasos para ponerse a correr

Todos los deportes y todo tipo de actividad física son beneficiosos para las personas con ansiedad. Sin embargo, de todos los ejercicios, los de tipo aeróbico parecen ser los más efectivos. Correr, nadar, caminar rápido, andar en bicicleta, jugar al fútbol, etc, son actividades aeróbicas.

Si has pasado de la etapa de precontemplación y tienes en mente ponerte a hacer ejercicio te mostramos un plan progresivo para ponerse a correr. Para correr sólo necesitas zapatillas, tiempo, y ya puedes empezar saliendo del portal de tu casa.

Si no está entre tus planes empezar a correr, o si ya lo estás haciendo, puedes saltarte esta parte e ir directamente al próximo capítulo del libro.

¡A correr!

¡Felicitaciones! Si te has decido de empezar a correr tienes nuevas experiencias y momentos fantásticos por delante. Vas a notar un progreso rápido que también afectará tu estado de ánimo en otras ocasiones. ¿Cuáles son las cosas que necesitas saber para tomar los primeros pasos de decisión a acción?

1. Tener paciencia

Aunque acabo de decir que vas a avanzar muy rápido, la mayor barrera y riesgo de fracaso, es querer ir demasiado, y demasiado rápido. El entrenamiento es gradual. Tienes que empezar con correr muy poco y más despacio de lo que te habías imaginado. ¡Acéptalo!

2. Planificar

Planifica tus pases, igual como si fueran reuniones de trabajo. Lo ideal es ponerse de acuerdo con un amigo/a en la misma situación y empezar juntos/as. Es más difícil saltarse un pase si has quedado con alguien que si estás sólo/a pensando si salir a correr por la noche o no. Regálate media hora día por medio. ¿Te parece mucho empezar con tres a cuatro pases por semana? Es justo lo que necesitas para que funcione – la continuidad. Considéralo media hora menos de tele, Internet u otra cosa no necesaria que no vas a echar de menos. Conseguirás otro hábito más entretenido y saludable.

3. Cómprate lo más necesario

Correr es muy fácil, pero para empezar necesitas comprar lo más esencial, un par de zapatos buenos. En una tienda de correr puedes comprar unos buenos zapatos de correr de dependientes que conocen el tema. Es muy importante tener buenos zapatos y es la inversión material más importante que vas a hacer. Un par de zapatos viejos pueden quitarte las ganas de entrenar. Los zapatos tienen que estar ajustados sin apretar y definitivamente no provocar rozaduras.

4. Empezar despacio

Bueno, ahora tienes tus zapatos nuevos y has quedado con el vecino para salir a correr en media hora. ¿Dónde? ¿Cuánto tiempo? ¿A qué velocidad? ¡No cojas el coche para ir a un gimnasio o un parque! Empieza desde la puerta de tu casa. Deberíais mantener un ritmo que os permite conversar – si corres sólo/a adáptate a un ritmo en que podrías estar conversando. Seguramente es más lento de lo que te habías imaginado, pero es más duradero. Empieza a caminar de nuevo y cambia entre correr y caminar un par de veces más hasta que volver a la casa después de media hora. Cada vez que sales intenta correr un poco más y caminar menos. Después de un par de semanas vas a poder correr los 30 minutos sin caminar. Abajo hay un programa más detallado.

5. Relájate

Es importante estar relajado durante el entrenamiento. Si observas los mejores atletas parece muy fácil. Pues, no lo es, pero la técnica de correr se basa en tener el cuerpo relejado y no estar tenso. Relaja lo brazos, los hombros no deben de moverse mucho. No aprietes el puño. Mantén el cuerpo recto - fácilmente se inclina hacia delante cuando estas cansado. Dirige la fuerza hacia delante y no hacia arriba o hacia los lados. Al final de las sesiones, cuando estas cansado, es aun más importante pensar en la postura y la técnica.

6. Alternar con fuerza

Tu corazón será rápidamente más eficiente con el entrenamiento regular de media hora. Pero las lesiones aparecen cuando la condición física supera la fuerza muscular. Por eso es importante que empieces a entrenar en terreno sinuoso después de un par de semanas, cuando puedes hacer los 30 minutos sin parar o caminar. Intenta aumentar la velocidad cuesta arriba con pasos cortos y rápidos (no mires hacia abajo). Cuesta abajo o en camino plano corres tranquilamente y despacio. Este es el juego de velocidad o sprint y te dará mucha fuerza para correr. Intenta de alternar el entrenamiento en terreno plano y terreno sinuoso.

7. No corras con dolor

Los primeros entrenamientos te darán dolores en los músculos. Es natural y un signo de que realmente has activado músculos que no has usado en mucho tiempo. Pasará rápidamente. Pero, si sientes un dolor muy intenso, tienes que tomar precauciones. Las primeras partes que normalmente protestan son los ligamentos de las piernas y las rodillas. Para el entrenamiento algunos días si sientes dolores y cambia por otra actividad como por ejemplo la bicicleta, patines o natación.

8. Ahora intenta algo más rápido

Un problema que tiene muchas personas cuando empiezan a correr es una tendencia a hacer pasos demasiado largos. El pie debe de pisar en una línea vertical debajo de la cadera. Si pisas más adelante frenas el paso y eso implica un esfuerzo más grande e innecesario que puede provocar molestias en los pies y las piernas. Para practicar la coordinación y aumentar la frecuencia de los pasos puede intentar a correr más rápido al final de tu vuelta unos 40 pasos. Si estiras el cuerpo e impulsas el pie con más fuerza tendrás un paso más alto. Camina un minuto y después vuelves a correr rápido unos 40 pasos de nuevo, siguiendo así unas 3-4 veces. Después de unas semanas puedes aumentarlo a 50-60 pasos unas 8 veces. Este ejercicio se llama "carrera de coordinación".

9. Una vuelta más larga

Cuando has completado los pasos arriba y puedes correr media hora sin parar o caminar, hacer juegos de sprint y terminar con carrera de coordinación puedes empezar a hacer una vuelta de la semana más larga. Todavía debes de avanzar despacio y tener paciencia. Aumentar la vuelta con 5 minutos a la vez es suficiente hasta que llega a 45 minutos. No lo veas cómo un fracaso si necesitas volver a hacer una pausa caminando de nuevo. Si estas bien con 45 minutos puedes seguir hacia los 60 minutos. Ahora si que has alcanzado una meta – ¡corres una hora sin parar!

10. Comer bien

Una hora y media a dos horas de entrenamiento quema calorías. Comer algo después de cada sesión, preferiblemente antes de entrar a la ducha. Evita de hacer dietas, una comida balanceada y sana es lo mejor. No dejes pasar demasiado tiempo entre una comida y otra. No empieces a correr muy cerca de, o mucho tiempo después de comer. La mayoría necesitan aproximadamente tres horas para digerir la comida. No saltes tampoco la merienda por la tarde si vas a salir a entrenar antes de cenar.

11. ¡Diviértete!

El entrenamiento nunca puede ser el único fin. Somos todos distintos y nos gustan cosas distintas. Busca algo que te crean las ganas de salir a correr. Puede ser comprar ropa deportiva, apuntarte a una carrera o maratón, cambiar lugar de entrenar, ir a sitios dónde no has estado antes y dar vueltas de sightseeing en tu propia ciudad.

12. Plan de entrenamiento (una sugerencia)

A continuación, puedes encontrar un plan de entrenamiento para 14 semanas. Este plan es para los que no hacen ningún tipo de entrenamiento. Si ya estás haciendo otros deportes puedes empezar a correr más tiempo y sin pausas, pero siguiendo los mismos principios:

Correr con regularidad, muy despacio para empezar y aumenta sucesivamente el tiempo de correr.

Cuenta minutos en vez de kilómetros para evitar sobre esforzarte para un récord cada vez que sales a correr.

El plan es sólo un ejemplo. No te estreses si necesitas más tiempo para poder correr media hora sin parar. Si te enfermas y pierdes una semana o más retrocedes o vuelves al principio de nuevo. Tampoco hace falta seguir los minutos sugeridos exactos, no pasa nada si son 8 o 12 en vez de 10 minutos

Plan de entrenamiento

Semana	Día 1	Día 2	Día 3	Día 4
1	15 min caminar, repetir 3 veces: 3 min correr + 2 min caminar	15 min caminar, repetir 3 veces: 3 min correr + 2 min caminar	12 min caminar, repetir 3 veces: 4 min correr + 2 min caminar	12 min caminar, repetir 3 veces: 4 min correr + 2 min caminar
2	10 min caminar, repetir 4 veces: 4 min correr + 1 min caminar	10 min caminar, repetir 4 veces: 4 min correr + 1 min caminar	12 min caminar, repetir 3 veces: 4 min correr + 2 min caminar	
3	9 min caminar, repetir 3 veces: 5 min correr + 2 min caminar	9 min caminar, repetir 3 veces: 6 min correr + 1 min caminar	6 min caminar, repetir 4 veces: 5 min correr + 1 min caminar	9 min caminar, repetir 3 veces: 6 min correr + 1 min caminar
4	5 min caminar, repetir 5 veces: 4 min correr + 1 min caminar	6 min caminar, repetir 3 veces: 7 min correr + 1 min caminar	5 min caminar, repetir 5 veces: 4 min correr + 1 min caminar	
5	3 min caminar, repetir 3 veces: 8 min correr + 1 min caminar	Repetir 5 veces: 4 min correr + 2 min caminar	Repetir 5 veces: 5 min correr + 1 min caminar	Repetir 3 veces: 8 min correr + 2 min caminar
6	Repetir 3 veces: 9 min correr + 1 min caminar	Repetir 3 veces: 8 min correr + 2 min caminar	Repetir 2 veces: 14 min correr + 1 min cam	
7	15 min correr, 3 min caminar, 12 min correr	20 min correr, 2 min caminar, 8 min correr	15 min correr, 3 min caminar, 12 min correr	20 min correr, 2 min caminar, 8 min correr
8	30 min correr	15 min correr, 3 min caminar, 12 min correr	30 min correr	
9	20 min correr, 2 min caminar, 8 min correr	30 min correr	20 min correr, 2 min caminar, 8 min correr	30 min correr

10	30 min correr en terreno montaña	30 min correr	30 min correr en terreno montaña	
11	30 min correr	30 min correr en terreno montaña	30 min correr incluído 4-5 sprint	35 min correr
12	30 min correr en terreno montaña	30 min correr incluído 4-5 sprint	40 min correr	
13	30 min correr en terreno montaña	30 min correr incluído 6 sprint	30 min correr en terreno montaña	45 min correr
14	30 min correr en terreno montaña	30 min correr incluído 6 sprint	45 min correr	

4 LA BRÚJULA DE LA VIDA

¿Qué quiero? ¿Para qué hago lo que hago? ¿Qué es importante para mí y estoy en buen camino?

Estas son preguntas que todos nos hacemos de vez en cuando y que son relacionadas con la calidad de vida. No saber por mucho tiempo lo que quieres o lo que es importante para ti crea la sensación de falta de sentido. Las respuestas a estas preguntas son las que dan a la vida la dirección y el ejercicio siguiente "la brújula de la vida" está pensado para poder encontrar esta dirección.

El ejercicio consta de tres pasos y recomendamos usar papel en blanco y un lápiz para anotar las respuestas del ejercicio. Tener tus ideas escrito sobre un papel te ayudará a recordar tus metas y valores.

Dimensiones y roles en la vida

A continuación, te mostramos distintas áreas de tu vida: el trabajo, las relaciones, la salud etc.

- Primero, te invita a pensar cómo te gustaría que fuera cada una de esas áreas.
- Segundo, que tan importante es esto para ti.
- Y, finalmente, que grado de satisfacción tienes en esa área en el momento presente.

No hay respuestas correctas ni incorrectas.

Puedes hacerlo todo o empezar con las áreas de tu vida de las cuales te sientes más identificado.

Relaciones

- ¿Qué clase de relaciones tengo?
- ¿Estoy casado? ¿Tengo familia?

- ¿Tengo muchos amigos íntimos? ¿Con quién me siento más unido?
- ¿Me siento feliz con mis relaciones?

Trabajo y Carrera

Una carrera es el trabajo realizado a lo largo del tiempo. No todas las personas lo entienden así. Algunos realizan diferentes trabajos sin un denominador común.

- ¿Qué hago?
- ¿Qué opino de mi trabajo?
- ¿Qué interés persigo con mi trabajo?
- ¿Qué he hecho para proteger mi carrera?
- ¿Qué estoy haciendo para desarrollarla?
- ¿Me siento atascado?
- ¿Lamento algo?
- ¿Me proporciona mi trabajo los ingresos que necesito?

Salud y energía

- ¿Qué tal estoy de salud?
- ¿Realizo alguna actividad física de manera regular?
- ¿Qué hago para mantener la salud?
- ¿Me preocupa mi salud?
- ¿Me siento bien?
- ¿Qué tal está mi nivel de energía?

Objetivos y valores

- ¿Qué quiero de la vida?
- ¿Qué es lo que me importa?
- ¿Qué estoy haciendo para alcanzar mis objetivos?
- ¿Por qué hago lo que hago?

Compromiso con el desarrollo personal, con el equilibrio vital y con el desarrollo espiritual

- ¿Qué clase de vida espiritual tengo?

Tiempo libre

- ¿Qué aficiones tengo? ¿Qué me gusta hacer para relajarme?
- ¿Qué leo? ¿Tengo tiempo para descansar y recuperarme?
- ¿En mi tiempo libre hago las cosas que yo quiero?

Utiliza la tabla en el libro o dibuja la tabla en una hoja o en una pizarra.
1. Anota lo que es importante para ti cuando se trata de cada una de las áreas, lo llamamos valores claves.
2. Piensa en la importancia que tiene para ti cada valor clave en una

escala de 1 a 10.

3. Estima en una escala de 1 a 10 hasta qué punto logras lo que es importante para ti en relación a este valor.

Área	Valores claves	Importancia	Logro actual	Diferencia

Ahora fija una o dos metas intermedias o actividades que tú creas que te pueden acercar a lo que para ti es importante. Sé concreto – intenta responder al CUÁNDO, CÓMO, DONDE y con QUIÉN.

Resumen

Esperamos que ahora tengas una idea un poco más clara de lo que, en este momento, es importante para ti. Cuelga las hojas de evaluación y tus metas en un lugar visible o guárdalas en una carpeta. Tendrás un resumen de todas las áreas en las que has estado trabajando, las valoraciones que has hecho en cada una de ellas y las metas intermedias y actividades que has escrito.

Fíjate en la columna "Diferencia", y sobre todo los números más altos de esa columna. Son áreas que tú mismo has estimado como muy importantes y dónde la diferencia entre la importancia y el logro actual es mayor. En estas áreas puede ser aún más importante que pienses sobre cuáles son los pasos que seguir para lograr lo que para ti es valioso.

Te invitamos a identificar una o más de las metas intermedias o actividades que has escrito y ponerlas en práctica durante la semana que viene. Anótalas en tu agenda o en una libreta para no olvidar.

Trata de recordar siempre los valores importantes y usarlos como apoyo cuando necesites tomar decisiones de diferentes tipos. No hablamos sólo de grandes decisiones sino de lo que haces en tu día a día, en las pequeñas cosas y lo que decides en cada momento. Observa eso y decide si es o no congruente con lo que tú mismo dices que es importante. Pregúntate a ti mismo/a: "*¿Esta decisión me acerca a lo que yo considero importante en mi vida?*".

5 CREANDO CALMA A TRAVÉS DE LA RESPIRACIÓN

La respiración superficial es la que principalmente utiliza los músculos que regulan el volumen de tu pecho (llamada respiración de pecho), se altera rápidamente en situaciones de estrés y la ansiedad puede convertirla en hiperventilación. Cuando estamos respirando con el pecho entra relativamente poco aire en nuestros pulmones y necesitamos respirar más rápido y más a menudo, lo que podría causar síntomas parecidos a los relacionados con la ansiedad.

A largo plazo, hiperventilar puede convertirse en un hábito, convirtiéndose en la manera normal de respirar de una persona. Para optimizar nuestra respiración, debemos utilizar mucho más el diafragma.

¿Por qué es mejor respirar con el diafragma que con el pecho?

Quitamos un peso de encima a los músculos que rodean nuestra caja torácica, nuestro cuello y cabeza, reduciendo el riesgo de tener los músculos tensos y adoloridos.

La función de la respiración es proveernos de oxígeno y expulsar productos sobrantes (dióxido de carbono). Este proceso se hace más efectivo respirando con el diafragma.

La respiración con el diafragma llevada a cabo de manera ideal requiere una postura recta y equilibrada. Practicar la respiración con el diafragma promueve indirectamente una buena postura.

Respirar con el diafragma ayuda a crear calma y a reducir la ansiedad, reduciendo el riesgo a hiperventilar y a las respuestas del organismo el estrés.

Respirar con el diafragma también es útil para la relajación, donde la respiración se conecta con la relajación.

Cómo respiramos

Muchos de nosotros damos por garantizada la respiración, dado que como muchas de nuestras funciones corporales la respiración sucede de forma automática (si no lo hiciera moriríamos). Sin embargo, lo que diferencia la respiración de otras funciones corporales automáticas es el hecho de que también puede ser regulada conscientemente.

A pesar de que respirar resulta una cosa muy natural, se suele estar poco enterado del funcionamiento de la respiración y de cómo ella se ve afectada (y nos afecta a nosotros) en distintas situaciones. Una respiración correcta es un antídoto contra el estrés.

Así que, ¿cómo funciona realmente la respiración?

Para que nuestros pulmones tengan aire, necesitamos regular el volumen de nuestro pecho (utilizando los músculos alrededor del cuello y en la base de nuestro cráneo) y trabajar con el largo músculo conocido como diafragma, el cual separa el pecho de las partes abdominales.

Nuestros pulmones serían inútiles si no pudiéramos regularlos con estos músculos ya que no se pueden expandir ni contraer por sí solos para regular el volumen de aire.

Cuando inspiramos expandimos el pecho en parte, tensando los músculos alrededor de nuestro cuello (en la base de nuestro cráneo) y el músculo llamado diafragma. Cuando el diafragma se relaja, se levanta hacia nuestro pecho como un paraguas o un arco, presionando los pulmones hacia arriba. Cuando se tensa, hace presión hacia abajo dejando que los pulmones se expandan y el aire pueda entrar.

Cuando exhalamos, relajamos los músculos que regulan el volumen de nuestro pecho, así como el diafragma (que sube a su posición original, presionando los pulmones hacia arriba). Los pulmones se presionan mutuamente y dejan que el aire salga. Exhalar está directamente conectado con la relajación.

Ejercicio de respiración

Respirar con el pecho y el torso superior resulta fácil en situaciones de estrés y ansiedad. Cuando respiras con el pecho los pulmones se llenan antes, pero con relativamente poco aire. La respiración es menos eficiente y necesitamos respirar más rápido.

En este ejercicio vas a entrenar la respiración diafragmática, que emplea el diafragma para respirar, y no el pecho o los hombros. Es una de las técnicas respiratorias básicas que nos ayuda a mejorar nuestra respiración y a reducir el nivel de estrés.

Siéntate en una silla cómoda donde tengas la posibilidad de tener la columna recta sin que sea forzado. Sentarse con la columna recta facilita la respiración con el diafragma.

Expande el tórax mientras intentas mantenerte relajado.

Espira tranquilamente a través de la nariz, como lo haces naturalmente…

Fíjate en la respiración sin forzarte…

Para ver si realmente respiras con el diafragma – Coloca las manos sobre el abdomen e inspira profundamente.

Deberías sentir cómo se desplaza el diafragma, permitiendo la expansión de la caja torácica. Los hombros y el pecho no deberían moverse.

Ahora hay que entrenar optimizar la respiración. Inspira profundamente de nuevo y concéntrate en la respiración sin utilizar los hombros y el pecho, e intenta que la respiración sea pausada y controlada.

Coloca una mano en el pecho, deja la otra en el abdomen…

…la mano sobre el abdomen debe moverse y la del pecho no…

Cuando inhalas naturalmente, el diafragma se mueve hacia abajo y el estómago hacia fuera dejando más sitio a la caja torácica y a los pulmones para que se expandan con el aire.

Y cuando exhalas relajas el diafragma, y el aire es expulsado por los pulmones y tu estómago se moverá hacia dentro…

Sigue respirando de esta forma pausada y controladamente…

Fíjate en la espiración – es relajada y sin esfuerzo…

Con cada inspiración intenta que la mano en el abdomen se mueva más que la mano del pecho, trabajando con el músculo del diafragma.

…sigue respirando así un rato…

¡Bien! Ahora puedes sacar las manos del abdomen y el pecho y sólo concentrarte en la respiración…

Sigue respirando pausada y controladamente con la ayuda del diafragma…

Siente la sensación de respirar con el diafragma… Como el estómago se expande hacia fuera con cada inhalación y como se relaja con cada exhalación…

Siente como te relajas con cada exhalación…

…y como tu respiración es tranquila y pausada.

¡Felicitaciones! Ahora has realizado todo el ejercicio de respiración con el diafragma, y es algo que te conviene repetir varias veces. Practicando y controlando esta técnica te va a ayudar mucho en tu día a día.

Intenta mantener esta respiración mientras vuelves a tus tareas diarias.

Te recomendamos que estés atento a tu respiración de vez en cuando en tu vida diaria, y que intentes respirar con el diafragma siempre que puedas.

Te invitamos a hacer nuestro programa completo de Mindfulness y relajación que puedes encontrar en la página atención.org

Durante el proceso de inscripción, tienes la posibilidad de utilizar un cupón. Introduzca las palabras **Mindfulness_libroansiedad**, y tendrás acceso al programa de forma gratuita.

El programa te enseña una técnica de reconocimiento del propio cuerpo, que te entrena para conseguir una buena comunicación con tu organismo.

Comunicarse correctamente con el cuerpo es necesario para ser capaz de relajarte de manera eficaz y es una de las habilidades fundamentales que se necesitan para manejar el estrés y mejorar la atención y la concentración.

Ser capaz de relajarse es la manera más natural de bajar el ritmo, reducir tensiones, coger fuerzas y funcionar correctamente.

6 LA ESPIRAL DE LA ANSIEDAD

¿Alguna vez has sentido que tu cuerpo reacciona de forma excesiva? ¿Has sentido palpitaciones, presión en el pecho, sudoración o entumecimiento en manos o pies?

La ansiedad puede comenzar de una forma lenta e insidiosa, con cierta tensión nerviosa que va creciendo paulatinamente, o bien de forma brusca, constituyendo la crisis de ansiedad o ataque de pánico. Por esta razón los signos o manifestaciones fisiológicas de tu cuerpo tienen una enorme importancia para la comprensión de todo lo que está ocurriendo.

Por este motivo, los temas de este capítulo son las respuestas fisiológicas de tu cuerpo frente a la ansiedad y un ejercicio que nosotros llamamos "habituación", el cual consiste en un entrenamiento concienzudo de tu cerebro para ver las reacciones normales como lo que son: normales.

La espiral de la ansiedad

En esta parte nos ocuparemos de lo que pasa cuando aparece una respuesta de ansiedad, sobre todo los cambios que experimenta tu cuerpo en la primera parte de dicha respuesta. Entender cómo ocurre la ansiedad, así como las cosas que aparecen de forma automática y normal, facilitará trabajar tu problema y reducirá "tu ansiedad de tener ansiedad".

Simplificando un poco, la respuesta de ansiedad se compone de cinco fases:

Fase 1 - Fuera de tu conciencia

Tu cerebro recibe señales desde el exterior, tanto de tu entorno como de tu propio cuerpo. La temperatura, el dolor, el movimiento, imágenes, olores, sonidos y otras cosas que son procesadas, hacen que tu cerebro se haga una idea preliminar de la situación. Esto ocurre sin que tengas conocimiento de ello.

Fase 2 - Fuera de tu conciencia

Tu cerebro hace una evaluación rápida para determinar si estas señales son amenazadoras, agradables, tristes o si tienen algún otro contenido emocional importante. Si esta imagen preliminar es algo amenazante, hay una inmediata movilización de mecanismos de defensa (el estrés aparece como respuesta). La adrenalina, la noradrenalina y la cortisona son, entre otras, las hormonas que inician este proceso. Tu cuerpo ha empezado a reaccionar: los músculos se tensan, se frena la digestión, sube la presión sanguínea, etc. Tu cuerpo está en estado de alerta, pero tu conciencia todavía no sabe qué está pasando.

Fase 3 - Fuera de tu conciencia

Las señales de la reacción de tu cuerpo llegan al cerebro, señales que informan al cerebro que tu cuerpo ha empezado a reaccionar ante una amenaza. A menudo, tu cuerpo ya habrá empezado a actuar de una manera determinada: si la situación contiene alegría, puede que ya hayas comenzado a reír; si la situación es amenazante, puede que te hayas tensado por el miedo, que hayas salido corriendo o que estés mostrando un rostro hostil. En este momento, tu conciencia ha despertado (¡buenos días!) y se ha dado cuenta de que algo está sucediendo. Tu conciencia intenta ponerse al día entendiendo por qué te sientes así y por qué actúas de este modo.

Un bolígrafo en la boca

Varios experimentos han demostrado cómo la conducta aparece antes que los sentimientos. En uno de estos experimentos, los participantes sostenían un bolígrafo en la boca de dos maneras diferentes mientras escuchaban un chiste.

El resultado: aquellos que sostenían el bolígrafo entre sus dientes en posición horizontal (de manera que los músculos de la boca formaban una sonrisa) encontraron más gracioso el chiste que aquellos que sostenían en bolígrafo apuntando hacia delante desde sus labios (de manera que la boca formaba una O).

Este experimento lo puedes probar tú mismo. Sostén un bolígrafo en la boca en posición horizontal apuntando hacia un lado, de manera que te obligue a esbozar una sonrisa. Tu sonrisa (la respuesta de tus músculos) es transmitida al cerebro, que lo interpreta como que lo estás pasando bien en este momento. Como consecuencia, te sentirás un poco mejor.

Cuando nosotros mismos probamos este experimento (ya que probamos todos nuestros ejercicios), simplemente nos pareció que teníamos un aspecto tan ridículo que no pudimos limitarnos a sonreír, sino que nos reímos a carcajadas.

Fase 4 - Consciente

La razón interpreta la situación y por qué te sientes como te sientes. Esta interpretación contribuye a crear tu experiencia y tu nivel de ansiedad. Podemos vivir la misma experiencia de distintos modos: con ansiedad, con estrés o quizás hasta con expectación. Algunos experimentos han demostrado que, en ciertas circunstancias, ¡la respuesta de ansiedad incluso puede confundirse con el enamoramiento! (Encontrarás la receta a continuación).

Una receta para el romance o el puente mágico

¿Se puede realmente hacer que alguien se enamore? Bueno, esto seguramente es cuestionable, pero algunos experimentos indican que ciertas situaciones facilitan que esto ocurra.

Evidentemente se trata de una cuestión de ansiedad y de que nuestro cerebro no siempre funciona de una manera tan lógica como nos gustaría creer. Las respuestas físicas de nuestro cuerpo (por ejemplo, el aumento del nivel de estrés) sólo son interpretadas por nuestra razón una vez que éstas han ocurrido, y esta interpretación depende de la situación en su totalidad. A veces, malinterpretamos una situación y el resultado es un poco diferente de lo que hubiésemos esperado.

Existe un experimento que muestra con claridad lo que puede ocurrir cuando recibimos dobles mensajes:

Un determinado número de estudiantes varones fueron divididos en dos grupos. Un grupo fue entrevistado sobre un puente en suspensión a lo alto de un riachuelo. La entrevistadora era una joven investigadora de aspecto normal. El otro grupo fue entrevistado por la misma investigadora sobre el mismo riachuelo, pero sobre un puente sólido de hormigón y de poca altura.

Resultado: Varios de los participantes del grupo sobre el puente en suspensión intentó conseguir una cita con la investigadora después de la entrevista. Muchos de ellos sentían que estaban enamorados de ella. Ningún miembro del grupo que estaba en el puente de hormigón intentó conseguir una cita con la entrevistadora ni expresó nada que implicara que se hubieran enamorado.

Conclusión: El grupo del puente en suspensión experimentó una respuesta de estrés por la altura y la inestabilidad del puente. Sus cerebros recibieron información que era difícil de interpretar: "este sitio está alto y da miedo", "delante de mí, hay una mujer" y "mi cuerpo está reaccionando fuertemente". En varios de los participantes, esta respuesta fue malinterpretada como enamoramiento o excitación. Evidentemente, el grupo del puente de hormigón no sufrió una subida del nivel de estrés y, por lo tanto, no sintieron ni estrés ni amor.

El significado de todo esto es: ¡si quieres enamorarte deberías pasear por puentes en suspensión! Ir a discotecas o visitar otros lugares con música alta y luces intermitentes puede funcionar también, ya que esto también dispara el nivel de estrés - lo que, si todo sale bien, puede malinterpretarse como enamoramiento. ¡Buena suerte!

Fase 5 - Fuera de tu conciencia de nuevo

El cerebro recibe una nueva ola de señales de pensamientos, recuerdos y asociaciones. Si los recuerdos contienen amenazas, si los pensamientos contienen interpretaciones negativas, todo puede comenzar de nuevo: el "piloto automático" aumenta la respuesta de estrés, aparecen nuevas sensaciones como retroalimentación y sigue girando el espiral del estrés.

El pánico, ¡la gran espiral de la ansiedad!

Si alguna vez has sentido pánico sabes lo que es la ansiedad de verdad. El problema principal que exagera la crisis de ansiedad es su autoalimentación, es decir, la aparición de los primeros síntomas produce temor y alarma. Esta alarma desencadena más síntomas, alimentando la crisis; de este modo puede aparecer el miedo al propio miedo (pánico), cayéndose en un círculo neurotizante.

Investigaciones sobre el tratamiento de los ataques de pánico han mostrado que estos ataques suceden cuando tu cerebro interpreta ciertas sensaciones corporales como amenazantes; esta interpretación causa niveles elevados de estrés, lo cual aumenta tu respuesta corporal. Este aumento se interpreta como una amenaza y provoca que el nivel de estrés aumente todavía más. Así que, en lo que al pánico refiere, puedes equiparar lo que sucede con una espiral que gira cada vez más rápido.

Una respuesta inesperada, como el aumento de las pulsaciones (inconscientemente interpretada como algo amenazante), dispara la respuesta del estrés. Cuando tu conciencia nota esta respuesta y no encuentra razones lógicas que expliquen el aumento de las pulsaciones, te alerta que algo te podría estar pasando: por ejemplo, un ataque al corazón. Como consecuencia, el nivel de estrés aumenta más y más, hasta que aparece el pánico.

Esto podría suceder por un aumento de pulsaciones, por fuertes palpitaciones, por tu forma de respirar y por un gran número de distintas sensaciones corporales. Se puede decir que el trastorno de pánico es una "fobia a los cambios en las reacciones normales del cuerpo".

En lo que concierne al tratamiento del pánico, se pueden aplicar los mismos principios del tratamiento para la ansiedad general y a la ansiedad social. Para generar un cambio y un aumento del bienestar, es esencial acostumbrarse a estas sensaciones corporales y a las situaciones que tienden a disparar el pánico.

La respiración y la ansiedad

Si padeces el trastorno de pánico o algún otro tipo de ansiedad en general, la respiración puede ser parte del problema. Muchos de los síntomas desagradables que sientes al sufrir ansiedad (y particularmente durante los ataques de pánico) pueden estar causados por una mala forma de respirar (respiración agitada o hiperventilación).

Cuando tu cerebro percibe una amenaza (por ejemplo, un tigre mirándote hambriento), en seguida comienzan las preparaciones para manejar la situación. La respuesta automática conocida como la respuesta de lucha o huida se enciende y las hormonas del estrés, como la adrenalina, la cortisona o la noradrenalina, aseguran que el cuerpo se adaptará rápidamente a la situación de amenaza.

El corazón empieza a latir con fuerza, la sangre es enviada a los músculos y comenzamos a respirar más rápidamente para aumentar nuestros niveles de oxígeno y sacar el dióxido de carbono de la sangre, todo esto para prepararnos para luchar o huir.

Sin embargo, esta respuesta es un poco brusca y aparece cada vez que encontramos algo amenazante. El tigre que nos preparamos a afrontar hoy más a menudo es un montón de facturas/cuentas en el buzón.

Aunque te des cuenta de que no puedes ni luchar ni escapar de las facturas, estás allí de pie respirando más rápidamente que lo normal. Dependiendo del importe/monto de la factura/cuenta, puede que hasta hiperventiles y, cuando esto pasa, hay cambios en tu cuerpo.

Dos de estos cambios causan un gran número de sensaciones: el aumento del nivel de oxígeno en tu sangre y la disminución del nivel de dióxido de carbono.

Cuando disminuye el nivel de dióxido de carbono en tu sangre, experimentas unos cuantos síntomas pasajeros e inofensivos. Como, por ejemplo:

- Mareo
- Boca seca
- Dificultad para tragar

- Pinchazos en las manos, brazos y cara

Cuando desarrolles la prueba de hiperventilación en el ejercicio de "Habituación", experimentarás con normalidad estos síntomas.

Cuando el nivel de dióxido de carbono en tu sangre disminuye aún más (por ejemplo, si sigues hiperventilando) aparecen otros síntomas, inofensivos pero muy molestos:

- Empiezas a sudar
- Tienes palpitaciones
- Te tiemblan las piernas y las manos
- Se hace más difícil respirar y puedes sentir que te ahogas
- Se te nubla la vista
- Tus pensamientos se vuelven más amenazantes
- Quieres escapar

Cuando el nivel de dióxido de carbono en tu sangre disminuye lo suficiente, tus células rojas se vuelven pegajosas y dejan de dar oxígeno a las otras células. Tus células tienen falta de oxígeno (a pesar del hecho de que tienes demasiado oxígeno en la sangre). Entonces aparecen nuevos síntomas que resultan muy parecidos a los que se tienen cuando se sufre un ataque de pánico:

- Dolor en el pecho
- Latidos irregulares
- Dificultad para pensar con claridad
- Sentir que la situación no es real
- Fuertes mareos
- Sentir que te vas a desmayar
- Se te paralizan los músculos (sensación de estar paralizado)

¿Dejar o no que cunda el pánico?

En esta situación, es común llamar a urgencias preso del pánico. Los sentimientos son fuertes y reales, y hace falta mucho valor para reprimir el pedir ayuda en medio de todo este miedo y simplemente esperar a que todo pase.

Puede ser útil saber que la hiperventilación ha sido probada en un gran número de personas y está muy claro que es inofensiva. Regularmente lo hacemos con nuestros usuarios y hay gente que ha probado hiperventilar durante más de una hora sin que haya resultados dañinos.

Las sensaciones físicas provocan ansiedad

Este capítulo contiene un ejercicio que llamamos habituación. La ansiedad y particularmente el trastorno de pánico por lo general comportan hipersensibilidad a varias respuestas de tu propio cuerpo. Casi se podría decir que el trastorno de pánico es una "fobia a las respuestas físicas del cuerpo".

Cuando tu cuerpo reacciona de manera diferente a lo normal, la alarma se dispara y aparece una respuesta de estrés. Esta respuesta, a su vez, hace que el cuerpo se mueva todavía más y toda esta situación acaba resultando en un estado de pánico.

De acuerdo con esto, una parte importante del tratamiento del trastorno de pánico consiste en habituarse a las respuestas físicas normales (esto también forma parte del tratamiento de otros tipos de ansiedad).

En la práctica, nuestro ejercicio de habituación consiste en crear uno mismo sensaciones en su cuerpo de maneras distintas. Repitiendo esto una y otra vez se "enseña al cerebro" que estas reacciones son completamente normales.

Ya que nada realmente amenazante está sucediendo, estas reacciones se viven como normales y, como consecuencia, se pierde la respuesta a la amenaza.

Estos ejercicios están en la misma línea que salir a correr, mirar fijamente alguna cosa, aguantar la respiración y cosas similares. Si tienes tus propias experiencias de ejercicios o actividades que disparan reacciones físicas fuertes, puedes también trabajar con ellas.

Habituación - Acostumbrarse a las respuestas del organismo frente a la ansiedad

Los siguientes ejercicios provocan diferentes reacciones en el cuerpo (muy normales). Para personas con ansiedad y sobre todo con ataques de pánico, los sentimientos que provoca la ansiedad pueden parecerse. Los ejercicios son muy cortos y te dan una posibilidad de acostumbrarte a sensaciones corporales que muchas veces se malinterpretan.

Para avanzar a un paso razonable debes hacer el ejercicio por lo menos tres veces al día. Puedes hacer tres ejercicios distintos o concentrarte solo en uno.

El ejercicio puede llevar varias semanas, pero es al mismo tiempo muy importante para las personas con ataques de pánico. La parte que te resulte más difícil de los ejercicios será donde deberás concentrar tus mayores esfuerzos, ya que es aquí donde se ubica parte importante de tu problema de ansiedad.

Instrucciones generales

Hacer uno de los ejercicios y rellenar el nivel de malestar de la sensación que sentiste.

Seguir con los ejercicios uno a uno hasta haber hecho todos. Repetir cada ejercicio hasta que el nivel de malestar esté por debajo de 20.

Si un ejercicio te resulta demasiado difícil, acortar el tiempo y repetirlo más veces.

Siente las sensaciones físicas que aparecen. Concéntrate en ellas y trata de no distraerte.

Escribe tu nivel de ansiedad.

Intenta mantener la sensación durante unos minutos, ¿Que pensamientos y sentimientos aparecen?

Respira tranquilamente y mide el tiempo que pasa antes que tu cuerpo vuelva al estado tranquilo nuevamente.

Entrena aproximadamente tres veces al día. Puedes hacer el mismo ejercicio o diferentes. Entrena en diferentes sitios.

Hasta que no sientas la intranquilidad de los síntomas del ejercicio tienes que seguir haciéndolos. Puede tomar 2 a 4 semanas para repasar todos los ejercicios completamente.

Si algunos de los ejercicios te provocan náuseas debes hacer el ejercicio con calma. Quizá sólo hacerlo una vez al día.

Cuando el nivel de ansiedad baja entre los ejercicios piensa en lo que está pasando y en lo que estás aprendiendo.

¡Ojo!

Los ejercicios no deben provocar un ataque de pánico. Puedes en cualquier momento parar si te resulta demasiado difícil.

Puedes hacer el ejercicio durante menos tiempo y después ir aumentando el tiempo sucesivamente hasta que lo puedas hacer según las instrucciones.

Si un ejercicio es demasiado difícil para ti, te pedimos que hagas tu mayor esfuerzo y uses el sentido común para encontrar una forma que funcione para ti. Acuérdate que el objetivo de los ejercicios es tener experiencias físicas de los mecanismos corporales que provocan ansiedad y acostumbrarte a ellas. Sólo saber que un ejercicio provoca ansiedad no basta.

Formulario – acostumbrarse a sensaciones del cuerpo

Hacer uno de los ejercicios y rellenar el nivel de malestar de la sensación que sentiste. 100 es máximo malestar y 0 ningún malestar.

Seguir con los ejercicios uno a uno hasta hacer todos. Repetir cada ejercicio hasta que el nivel de malestar esté por debajo de 20. Te recomendamos que repitas cada ejercicio 3 veces y que hagas dos o tres ejercicios diferentes en cada sesión de entrenamiento (3 x 3 ejercicios cada día). Si un ejercicio te resulta demasiado difícil, acortar el tiempo y repetirlo más veces.

Ejercicio	Tiempo	Valor esperado	Valor actual	Fecha
Agitar la cabeza de un lado al otro.	30 seg			
Inclinar la cabeza entre las piernas	30 seg			
Correr en el lugar	60 seg			
Aguantar la respiración	30 seg			
Apretar todos los músculos al mismo tiempo	60 seg			
Dar vueltas despacio. Por ejemplo en una silla	60 seg			
Hiperventilar	90 seg			
Respirar a través de una pajita (3 mm)	120 seg			
Mirarte los ojos en un espejo	90 seg			
Apretarte el cuello con los dedos	60 seg			
Mirarte la mano	3 min			
Tragar rápido	4 veces			
Pensar en algo muy desagradable	2 min			
Tomar café o té	2 tazas			
Quedarte en un lugar demasiado caliente	5 min			
Ponerte algo apretado en el cuello	15-30 min			
Relajarte y soñar despierto	5 min			

Algunas instrucciones:

Hiperventilar

Una respiración rápida e intensa se llama hiperventilación. No es peligrosa y normalmente tampoco genera ataques de pánico. Sin embargo, puede causar un malestar momentáneo.

1. Ponte de pie y respira con la boca profundamente y bastante rápido,

como si hubieras terminado de correr una maratón.

2. Fíjate en lo que sucede con tu cuerpo mientras respiras. ¿Qué pensamientos y sensaciones físicas puedes detectar?

3. Sigue con el ejercicio durante 90 segundos. Si te resulta muy incómodo puedes terminar antes, pero recomendamos que intentes soportarlo durante este tiempo.

4. Cuando se acaban los 90 segundos, siéntate y respira tranquilamente. Nota como los síntomas que provocaste desaparecen muy rápido.

Respirar a través de una pajita (3 mm)
Coloca en tu boca una pajita gruesa con un diámetro de unos tres milímetros y respira a través de ella.

Apretarte el cuello con los dedos
Con cuidado, aprieta con los dedos tu cuello hasta que te sientes incómodo/a y luego quédate así un rato.

Quedarte en un lugar demasiado caliente
Para provocar el calor puedes, por ejemplo:
- abrigarte demasiado.
- subir la calefacción en una habitación.
- llevar ropa abrigada en la casa.
- subir la calefacción en el coche.

¿Cuándo NO deberías hacer los ejercicios?

Aunque los ejercicios no son peligrosos hay algunos casos en los que recomendamos NO hacerlos:
No deberías hacer los ejercicios en esta parte si tienes:
- Epilepsia.
- Asma grave.
- Un diagnóstico de problemas de corazón o pulmones.
- Si te has desmayado en varias ocasiones anteriormente.
- La presión muy baja.
- Estás embarazada.

Si tienes un problema de salud y dudas ante algunos de los ejercicios recomendamos que consultes primero con tu médico.

7 ANALIZAR LAS CONDUCTAS DE ANSIEDAD

En la terapia cognitivo conductual consideramos que es muy importante comprender por qué actuamos de cierta forma. La persona que toma demasiado vino, juega mucho en el casino, come sin límites, piensa demasiado, trabaja en exceso, evita situaciones sociales o se preocupa demasiado, normalmente sabe que su conducta es un problema y que le podrá traer problemas a futuro.

Algunas conductas se comprenden fácilmente: actúas de cierta forma porque te hace sentir mejor y alivias tu ansiedad u otros sentimientos desagradables. Por ejemplo, si tienes miedo a conducir con mucho tráfico evitas usar el coche en la ciudad.

Otras conductas pueden ser más difíciles de identificar y comprender. Pueden ser conductas que parecen carecer de importancia, cosas que haces más o menos sin pensarlo.

En nuestro análisis conductual puedes repasar en detalle los eventos que determinan tus conductas de ansiedad.

Estamos irremediablemente unidos a las circunstancias que nos rodean. Las personas, nuestra conducta y el mundo donde operamos, somos inseparables. El análisis de la conducta se encargará de aislar, estudiar, reconocer la manera o el patrón que una persona utiliza para afrontar las situaciones en las que está inmersa

Cuando entiendes los principios de cómo funcionan nuestros impulsos y conductas automáticas, es más fácil motivarte para el trabajo de cambio y aprendizaje personal.

Para este ejercicio necesitas 4 hojas en blanco – una hoja para cada parte del ejercicio – para anotar tus propias observaciones. También puedes encontrar las fichas del ejercicio en la pagina www.atención.org.

Primera parte: ¿Cuáles son las situaciones que te provocan ansiedad?

Para comenzar, piensa en las situaciones que están relacionadas con la ansiedad. A veces puede ser difícil identificar estos momentos sobre todo cuando son pensamientos, sentimientos o experiencias físicas que te provocan ansiedad. Los ejemplos abajo pueden ayudarte a identificar situaciones.

No olvides tampoco las situaciones que evitas porque sabes o crees que te provocan ansiedad.

Hay muchas situaciones que pueden provocar ansiedad dependiendo de las experiencias que uno tiene. Algunos ejemplos comunes:

- Lugares como, por ejemplo: centros comerciales, espacios vacíos, ascensores, espacios pequeños, puentes, alturas, autopistas.
- Situaciones sociales como, reuniones, disertar o hacer una presentación, comer con otros, encontrarse con conocidos en la calle.
- Objetos específicos, por ejemplo, un ratón, tormentas, temblores, payasos.
- Actividades como, por ejemplo, conducir, ir en el coche de otra persona, coger el autobús o el tren.

También pueden ser un momento como, por ejemplo:
- Conflictos con otros
- Encender el ordenador en el trabajo
- Cuando suena la alarma
- En camino al trabajo
- En camino a casa
- Los fines de semana
- Ver el éxito de otros
- Al recibir crítica
- Cuando algo no funciona
- Cuando alguien se enfada
- Al devolver algo en una tienda
- Estar solo/a
- Estar relajado y no hacer nada

Algunos pensamientos pueden provocar ansiedad fuerte, por ejemplo:
- Pensar en los problemas en casa
- Pensar en los problemas en el trabajo

- Pensar en lo que debería hacer
- Pensar en la economía
- Pensar en las exigencias y decepciones de los demás
- Soñar con estar más delgado/a
- Pensar en ser abandonado/a o atacado/a
- Pensar en volverse loco/a o morir
- Pensamientos de fracaso

No nos extraña que los sentimientos de malestar provoquen más ansiedad. Pero también los sentimientos positivos, como la felicidad y el optimismo, pueden a veces provocar ansiedad.

- Aburrimiento
- Inquietud
- Estrés
- Malestar
- Preocupación
- Ira
- Culpa
- Vergüenza
- Expectación
- Optimismo
- Felicidad
- Tristeza
- Decepción
- Bienestar

A veces, y sobre todo si sufres de ataques de pánico o ansiedad relacionado con la salud, reacciones físicas normales provocan la ansiedad. Por ejemplo:

- Dolor de cabeza, dolores
- Cansancio
- Energía
- Náuseas
- Miedo de tener náuseas y de vomitar
- Mareo
- Presión en el pecho
- Cosquilleos en los manos o en los pies

En la primera hoja anota las situaciones que para ti están relacionadas con la ansiedad.

Segunda parte: Conductas problemáticas: Las cosas que evitamos hacer y cosas que hacemos demasiado

Independientemente de lo que consideres la raíz del problema, normalmente existen una serie de conductas que te causan dificultades. Por un lado, están las cosas que haces demasiado y por otro lado cosas que haces poco o evitas.

Cuando se trata de conductas de ansiedad, es posible que rehúyas de una serie de situaciones y/o lugares para evitar sentir ansiedad o pánico. Con las conductas que practicas demasiado puede ser que intentes controlar cómo te sientes por dentro o simplemente buscas confirmación social.

Piensa bien y con la mayor exactitud posible cómo son tus conductas de ansiedad, que es lo que haces demasiado o qué deberías hacer más. Pueden incluso ser cosas que aún no haces, pero que te gustaría hacer en el futuro cuando te encuentres mejor.

Ejemplos de conductas de ansiedad:

Mis conductas de evitación:	Hago demasiado:
Evito alturas	Pienso
Evito conflictos	Busco confirmación
Intento nunca estar solo/a	Controlo a la familia
Evito relajarme	Me quedo en casa
Evito vida social	Veo la televisión
No voy de compras en grandes tiendas	Trabajo
No viajo en bus, avión etc.	Descanso
No conduzco por la noche	Me siento cerca de la salida
No asisto a reuniones del trabajo	Hago trabajo doméstico
No voy al cine	
No salgo de casa	

En la segunda hoja, anota algunas de tus conductas de seguridad.

Tercera parte: ¿Cuáles son las consecuencias directas de tus conductas de ansiedad?

Empezaremos con lo positivo. Hay consecuencias positivas tras casi toda conducta (aunque a primera vista no lo parezca). Preocuparte por todo, ver televisión en exceso o trabajar demasiado son conductas que tienen ventajas directas o por lo menos las han tenido en algún momento de tu vida.

Piensa bien qué es lo positivo de la conducta que has elegido, qué hace que sigas practicándola. Sobre todo, es importante pensar en el efecto positivo inmediato de la conducta.

Lo que haces puede ser positivo de dos maneras diferentes: porque te aporta algo que te gusta o porque evitas algo que no te gusta y/o te es incómodo.

Puede ser difícil entender que un comportamiento que no nos gusta en realidad nos aporta algo. Requiere cierta distancia aceptar que te aporta tranquilidad no ver a tus amigos, te da sensaciones de placer jugar en el casino, te sientes capaz cuando te sobre exiges o recibes atención cuando hablas de lo mal que te sientes.

También puede ser difícil darse cuenta de que nos liberamos de mucho con nuestras conductas, evitas exigencias si no sales de tu casa, evitas el riesgo de fracasar si no haces cosas, evitas la sensación de culpa si te adaptas a las circunstancias, etc.

Lo que ganas con diferentes tipos de conductas de ansiedad	Lo que evitas con tus conductas de ansiedad
Bienestar	Pensar en problemas
Apreciación	Pensamientos negativos
Sensación de eficacia	Ansiedad y malestar
Mejor autoestima	Sensación de soledad
Pertenencia con otros	Sentir que nada tiene sentido
Tranquilidad	Aburrimiento
Sensación de ser bueno	Tristeza
Sensación de ser capaz	Exigencias
Sensación de tener control	Que otros te critican
Sensación de ser competente	Herir a otra persona
Sensación de ser importante	Sentirte malo
	Sensación de culpa

En la tercera hoja, anota las consecuencias directas de tus conductas de ansiedad, lo que evitas y lo que haces demasiado.

Cuarta parte: ¿Qué consecuencias tienen las conductas de ansiedad a largo plazo?

El próximo paso consiste en pensar en qué medida tus "conductas de ansiedad" han tenido o podrán tener consecuencias para tu vida. Puedes observar algunos ejemplos de conductas comunes, pensar y conversar con personas cercanas y amigos para tener una imagen nítida de todas las consecuencias pensables y factibles. La regla dice que son consecuencias negativas: te pasa algo malo o pierdes algo que es importante para ti.

¿Cómo identificar consecuencias a largo plazo?

Tus conductas tendrán consecuencias, aunque no es fácil verlas de antemano. Una forma de identificarlas es pensar en cómo sería el resto de tu vida si sigues haciendo lo que haces hasta ahora. ¿Qué significaría y cómo afectaría tu calidad de vida?

Las conductas de ansiedad pueden a largo plazo tener una serie de consecuencias. Limitas tu vida de diversas formas, por ejemplo, dedicando mucho tiempo a pensar o simplemente haciendo cosas para evitar otras.

Ejemplos de consecuencias a largo plazo
- Cansancio, falta de energía
- Peores relaciones con familia y amigos
- Baja autoestima
- Sensaciones de culpa
- Sensación de que todo da igual
- Problemas de concentración
- Sensaciones de inferioridad
- Problemas con estrés
- Menos tiempo para ti
- Una vida más aburrida

En la cuarta hoja anota las consecuencias de largo lazo de tu conducta de ansiedad.

Análisis

Te vamos a ilustrar el análisis de la ansiedad con un ejemplo y te invitamos a seguir el ejemplo utilizando lo que has anotado en las cuatro hojas. El objetivo es que a través del análisis conductual puedas entender cómo las situaciones de riesgo, tus conductas reactivas, sus beneficios a corto plazo y consecuencias a largo plazos, están relacionadas en un círculo vicioso. Este ejercicio te mostrará la increíble manera de funcionar del cerebro y la lógica oculta en su operar.

El análisis conductual de la ansiedad te mostrará cómo tus soluciones intentadas mantienen y perpetúan el problema

El ejemplo en las tablas podría ser de persona que sufre de una ansiedad generalizada y la manera de lidiar con eso (es decir, la conducta de ansiedad) es trabajar demasiado, por ejemplo.

Todo comienza con una situación...

Por supuesto, todo comienza con una situación que te provoca ansiedad. Puede ser una situación completamente nueva o una situación que ya desde antes has "aprendido" que es incómoda para ti.

Los problemas de ansiedad suelen estar relacionados con ciertas situaciones. Pueden ser situaciones sociales si tienes fobia social, pensamientos sobre la economía si tienes ansiedad generalizada o un cambio fisiológico en el cuerpo en el caso de que sufras de ataques de pánico.

Situaciones de riesgo
Pensamientos de fracaso
Culpa, enojo
Rabia por como me tratan
Sentimiento de que nada importa
Cansancio, falta de energía
Alguien parece enojado o acusador
Cuando visito a mi familia
Si me critican
Si alguien me pide algo

Los síntomas comienzan a aparecer...

La situación de malestar hace que nuestro cerebro se prepare para una amenaza. Tanto los sentimientos y pensamientos como las reacciones físicas del cuerpo se ponen en estado de alerta.

- Fisiología: El corazón comienza a latir con más fuerza, la presión sanguínea aumenta, empezamos a sudar y a respirar más rápido etc.

- Sentimientos: Tenemos sensaciones más fuertes de miedo, estrés y malestar.

- Pensamientos: Comenzamos a desarrollar "pensamientos de ansiedad", es decir, nos concentrarnos en cómo nos sentimos e intentamos comprender qué y por qué nos ocurre. Ponemos atención excesiva en todo lo que podría significar una amenaza y muchas veces se nos vienen pensamientos negativos a la cabeza.

Actuamos automáticamente con conductas de ansiedad

Una consecuencia de la respuesta de ansiedad es que la parte del cerebro encargada del razonamiento recibe menos señales. El cerebro cree que ha detectado una amenaza y no quiere involucrar pensamientos lógicos, dudas o consideraciones. Con los "sentimientos de ansiedad" el cerebro nos dice que tenemos que evitar o modificar la situación.

Es un principio fundamental de sobrevivencia para el ser humano. Como resultado, hacemos algo para deshacernos del malestar (por ejemplo, evitamos), o nos preparamos para lo peor (nos ponemos tensos). Eso es lo que llamamos conductas de ansiedad.

Ahora, fíjate en lo que has anotado en la segunda hoja. La conducta que has elegido tiene consecuencias (como casi todo lo que hacemos). La consecuencia directa y más obvia es que obtengas algún beneficio o que evites alguna cosa como, por ejemplo, sentir estrés o ansiedad.

Una de las conductas de ansiedad más comunes es la evitación, sin embargo, también existen conductas más activas como por ejemplo tomar alcohol, hablar demasiado o trabajar excesivamente. Otra manera de intentar manejar los sentimientos de ansiedad es pensar mucho y darles vueltas a las cosas una y otra vez.

Conducta: Trabajar, estudiar o entrenar excesivamente

Consecuencias directas	
Me aporta	**Evito**
Apreciación de los demás	Riesgo de que me critiquen
Adrenalina	Remordimientos
Sentimiento de efectividad	Sentimiento de fracaso
Mejor autoestima	Angustia y preocupación
Un sentimiento de ser bueno	Ansiedad
Sentimiento de ser hábil	Sentimiento de estar solo
Sentimiento de control	Tristeza
Sentimiento de competencia	Hacer sentir mal
Sentimiento de ser importante	Culpa

Las consecuencias directas nos dirigen...

Ahora mira lo que has anotado en la hoja número tres. Tus conductas de ansiedad tienen consecuencias directas. Una conducta funciona de dos maneras: te da algo positivo (por ejemplo, tranquilidad, adrenalina, atención) o evitas algo desagradable (por ejemplo, estrés, culpa, preocupaciones)

El hecho de que nuestras conductas tienen un efecto directo es la base de nuestro aprendizaje. Normalmente el cerebro prioriza los efectos a corto plazo, y necesitamos entrenarnos de forma consciente para no seguir nuestros primeros impulsos.

Poder identificar las consecuencias directas que nos afectan, es un paso importante para poder encontrar estrategias para manejar los impulsos de forma distinta.

Tus conductas crean nuevas situaciones de ansiedad...

Nuestro cerebro le da mucha importancia a las cosas que disminuyen los sentimientos negativos o aumentan los sentimientos positivos. El resultado es que cuando experimentamos algo agradable o cuando evitamos algo desagradable esto se queda registrado en las conexiones neuronales del cerebro.

La próxima vez que sientes ansiedad ya existe una conexión entre la situación, la conducta y el resultado. Si tu conducta te dio un resultado positivo tu cerebro intentará hacerte repetir la misma conducta. Si te sentiste aliviado/a la última vez que saliste del centro comercial y dejaste que tu esposo/a terminara la compra sin ti, se convertirá en una conducta fácil de usar la próxima vez que sientas ansiedad en un centro comercial o en una situación parecida.

La consecuencia directa de la conducta (el alivio) será la causa de que hagas lo mismo la próxima vez (aunque no tenga ninguna lógica). Incluso puede que sientas ganas de irte antes de haber siquiera entrado al centro comercial.

Conducta: Trabajar, estudiar o entrenar excesivamente	

Consecuencias directas	
Me aporta	**Evito**
Apreciación de los demás	Riesgo de que me critiquen
Adrenalina	Remordimientos
Sentimiento de efectividad	Sentimiento de fracaso
Mejor autoestima	Angustia y preocupación
Un sentimiento de ser bueno	Ansiedad
Sentimiento de ser hábil	Sentimiento de estar solo
Sentimiento de control	Tristeza
Sentimiento de competencia	Hacer sentir mal
Sentimiento de ser importante	Culpa

Las conductas de ansiedad, tales como trabajar horas extras para sentirnos tranquilos/as, adaptarnos para que no nos critiquen o evitar lugares con mucha gente para no sufrir ataques de pánico, a largo plazo pueden tener consecuencias graves.

Lo que suele pasar es que aumenta la sensibilidad a la ansiedad. Se podría decir que cuando evitamos los sentimientos de ansiedad, indicamos a nuestro cerebro que la ansiedad es peligrosa.

Además, varias de las consecuencias a largo plazo pueden ir creciendo sucesivamente y de forma muy directa impedirnos tener la vida que queremos vivir. Las situaciones que provocan ansiedad serán cada vez más, al mismo tiempo que nos haremos más sensibles a ellas. En la hoja cuatro has anotado posibles consecuencias a largo plazo de tu conducta de ansiedad.

Consecuencias a largo plazo
Cansancio y falta de energía
Estrés crónico
Riesgo de problemas cardiacos
Riesgo de agotamiento laboral
Agresión e irritación
Peores relaciones con familia o amigos

Lamentablemente es muy difícil para el cerebro reaccionar de una forma constructiva ante las consecuencias a largo plazo. Si te duele la espalda porque tienes sobrepeso no te va a dar el impulso de caminar más o hacer actividad aeróbica. Al contrario, te llevará a no moverte y descansar más y quizás consolarte con algo rico de comer. Si tienes mucho estrés en el trabajo no es una hora de relajación lo que quieres, si no una hora extra de trabajo para poder terminar todo lo que tienes pendiente.

Crear tu análisis de ansiedad

Si has trabajado con el ejercicio ya has identificado en detalle los eventos que determinan tus conductas de ansiedad. Tienes identificado las situaciones de riesgo, las conductas de ansiedad y sus consecuencias (beneficios) a cortos plazo y sus consecuencias (perjuicios) a largo plazo. Para visualizar el ejercicio puede ayudar pegar las hojas en una pizarra o pared. También puedes copiar el modelo de la próxima página para ordenar tus respuestas.

Recomendamos que de vez en cuando vuelvas al ejercicio y que pienses en las conductas que tienes y que están relacionadas con la ansiedad.

Situaciones de riesgo
Pensamientos de fracaso
Culpa, enojo
Rabia por como me tratan
Sentimiento de que nada importa
Cansancio, falta de energía
Alguien parece enojado o acusador
Cuando visito a mi familia
Si me critican
Si alguien me pide algo

Conducta: Trabajar, estudiar o entrenar excesivamente

Consecuencias directas	
Me aporta	**Evito**
Apreciación de los demás	Riesgo de que me critiquen
Adrenalina	Remordimientos
Sentimiento de efectividad	Sentimiento de fracaso
Mejor autoestima	Angustia y preocupación
Un sentimiento de ser bueno	Ansiedad
Sentimiento de ser hábil	Sentimiento de estar solo
Sentimiento de control	Tristeza
Sentimiento de competencia	Hacer sentir mal
Sentimiento de ser importante	Culpa

Consecuencias a largo plazo
Cansancio y falta de energía
Estrés crónico
Riesgo de problemas cardiacos
Riesgo de agotamiento laboral
Agresión e irritación
Peores relaciones con familia o amigos

Estrategias para manejar la ansiedad

La conducta de ansiedad no se da en el vacío, como si de un comportamiento aislado de una persona se tratase, si no que siempre es conducta en un contexto. El análisis conductual te muestra que los "síntomas de ansiedad" no son meras manifestaciones externas de problemas internos, sino una conducta que expone los fundamental de una manera de habérsela con el mundo.

La imagen que surge del análisis de la conducta es la de una persona que opera en el mundo tratando de adaptarse lo mejor que sabe y puede. Dicho de otro modo, detrás de la conducta de ansiedad, hay una intención positiva. El asunto es que hay mejores opciones.

Si asumimos que muchas de nuestras reacciones de ansiedad son "alarmas falsas", es decir, que el cerebro interpreta demasiado rápido una situación como una amenaza- la solución será intentar disminuir las conductas evitativas y/o de seguridad. Hay que acostumbrar a nuestro cerebro a situaciones nuevas, como cuando realizamos algo que en un principio nos daba miedo o nos provocaba ansiedad. Por ejemplo, conducir un coche, montar un caballo o esquiar.

Casi todas las conductas problemáticas se abordan entrenando una conducta alternativa. Eso significa que haces lo contrario a lo que haces normalmente. Puede ser, que te entrenes a hacer las cosas con lentitud y calma justo en esas situaciones en donde normalmente vas con mucha prisa, o en esas situaciones donde sueles estar muy nervioso. A veces hay que pensar bastante para saber lo que podría ser una conducta alternativa (la idea es que funcione -no sólo que sea la conducta contraria).

Vamos a hablar más sobre cómo afrontar la ansiedad en los próximos capítulos, pero ya puedes comenzar con algunos ejercicios que te parezcan y resulten sencillos.

Normalmente hay que repetir el entrenamiento varias veces antes de notar un efecto. Una manera es intentar actuar "como si no tuvieses miedo", pensar cómo lo harías si estuvieses tranquilo/a, fuerte y libre de ansiedad. Después, ¡practica actuar así!

Estrategias para afrontar conductas de ansiedad y situaciones de riesgo	
Conductas de ansiedad	**Conducta alternativa**
Abarcar demasiado	Aceptar una tarea y después arrepentirte Tomar un descanso largo Decir "no" sin dar explicaciones – "Lo siento no quiero/puedo. Si hace falta, repetir la misma frase.
Preocupaciones	Planificar un tiempo para pensar de 45 minutos al día y "mover" todas las preocupaciones que surgen en otros momentos, a ese momento.
Evitar situaciones sociales	Planificar situaciones sociales y estar atento a los demás y a las cosas que pasan a tu alrededor. Hacer algo ridículo intencionalmente – dejar caer algo, equivocarse, tropezar.

Conductas de estrés

Una conducta común cuando se trata de ansiedad es intentar siempre ser lo más eficiente posible. Entrenar conductas de tranquilidad es una buena manera de disminuir el nivel básico de ansiedad. Algunos ejemplos de ejercicios:

- ✓ Caminar lentamente
- ✓ ¡Siempre usar los descansos en el trabajo para descansar!
- ✓ No trabajar durante la hora de comer
- ✓ Apagar el móvil cuando estás ocupado/a en una tarea o en tu tiempo libre
- ✓ No llevar trabajo a casa
- ✓ Ir a tomar un café con amigos
- ✓ Respirar lentamente y hacer cosas exageradamente lento

Ansiedad generalizada

Algunas de las características de la ansiedad generalizada es que pensamos mucho sobre los problemas, lo cual crea a su vez la sensación subjetiva de intranquilidad que provoca pensamientos todavía más ansiosos.

También es común tener problemas al tomar decisiones y la necesidad de "tener control". Ejemplos de estrategias para empezar el entrenamiento:
- ✓ Comprar algo que no sueles comprar – otro tipo de pan, otro periódico etc.

- ✓ Enviar un correo electrónico sin pasar la corrección de ortografía.
- ✓ Salir sin maquillarte.
- ✓ No hacer la limpieza de la casa una semana.
- ✓ Practicar la relajación basada en la respiración.

Ansiedad social

Dirige la atención hacia fuera, concéntrate en lo que hacen o dicen los demás.
- ✓ Cambia de sitio en el trabajo, en la mesa etc.
- ✓ Ponte ropa más llamativa
- ✓ Compra algo para después devolverlo.
- ✓ Pregúntale a alguien desconocido como llegar a una dirección

Crisis de pánico – agorafobia

Cada persona que sufre crisis de pánico y agorafobia puede vivirlo de forma muy distinta y los problemas pueden estar relacionados a situaciones muy diferentes. Las estrategias básicas es empezar con un ejercicio sencillo y corto y aumentarlo sucesivamente el grado de dificultad y la duración.
- ✓ Salir a pasear, empieza con 5 minutos, repetir hasta que no sientas malestar y después aumenta la distancia de la casa.
- ✓ Conducir, empieza con una distancia corta, repetir hasta que te sientes cómodo/a y aumentar después la distancia.
- ✓ Practicar los ejercicios de las sensaciones corporales.

Control exagerado

Tener control y hacer todo a la perfección es una respuesta común a la ansiedad. Si sientes que tienes necesidad de control exagerada, las estrategias son intentar de no controlar.
- ✓ Enviar un correo electrónico con faltas de ortografía.
- ✓ Salir sin maquillaje.
- ✓ No hacer la limpieza de la casa una semana.
- ✓ Comprar lo primero que ves sin buscar una alternativa mejor o más barata.
- ✓ Llevar calcetines de diferente color.
- ✓ Contesta que no sabes (aunque sabes la respuesta).
- ✓ Llegar 5 minutos tarde.

Adaptación exagerada

- ✓ Pedir tiempo para pensar.
- ✓ Practica enfrente de un espejo: trata de convencerte de algo y entrena como decir no.

- ✓ Pedir ayuda a alguien con una tarea doméstica
- ✓ Devolver o cambiar algo que has comprado.
- ✓ Decir no sin explicaciones: Lo siento, a mí no me funciona" y repite la misma frase varias veces si es necesario.
- ✓ Devolver comida o vino en un restaurante.
- ✓ Aceptar una tarea en el trabajo y después arrepentirte

8 PILOTO AUTOMÁTICO

Uno de los mayores problemas con la ansiedad es que nuestro piloto automático interno no siempre funciona de la forma que nos gustaría que lo hiciera. Con frecuencia estamos pendientes de diferentes cosas, tales como: "debería compartir con más gente", "debería hacer más cosas de las cuales disfruto", etc. Sin embargo, cuando estamos a punto de hacerlo, perdemos nuestro objetivo, el piloto automático se enciende y terminamos haciendo todo lo posible para evitar hacer las cosas que tan inteligentemente habíamos planeado.

El problema es que el piloto automático está programado para reaccionar de acuerdo con cómo nos sentimos ahora y no de acuerdo con cómo nos sentiremos a largo plazo.

En este capítulo, continuaremos observando cómo nos comportamos, por qué nos comportamos de esa manera y las posibilidades que tenemos de actuar de forma distinta.

Aprendemos a sentir ansiedad

El hecho de que aprendemos a estar ansiosos, ¿acaso no te desanima un poco? ¿No estaríamos mejor sin ese conocimiento?

Bueno, las cosas son de este modo y en la práctica esto también significa que es posible lo opuesto: podemos aprender a estar calmados. El primer paso para aprender a calmarnos es entender cómo el cerebro aprende diferentes cosas.

La razón por la que podemos aprender es porque el cerebro puede cambiar. Tan pronto como algo se integra en tu memoria, tiene lugar un pequeño cambio en tu cerebro, lo que hace que se envíen señales entre áreas relevantes, se crean conexiones nuevas o se reactivan algunas ya existentes.

Si traducimos la actividad de las células nerviosas a nuestra realidad, el aprendizaje de algunos sentimientos ocurre en dos fases:

1) La conexión de sentimientos

Lo más importante en este contexto es nuestra habilidad para conectar cosas. Por ejemplo, si has sido mordido por un perro, esta situación provoca pavor o fuerte miedo.

Tu cerebro relaciona las mordidas de perro con el miedo. Sin embargo, hay otras cosas que quedan conectadas. Los perros en general, el lugar donde estabas, lugares similares, el pensar en perros, el sonido de los perros ladrando y otras cosas relacionadas con esa experiencia serán asociadas con la ansiedad resultante.

Después de este suceso, que alguien pronuncie la palabra "perro" (lo cual, en teoría, no es nada peligroso) puede ser suficiente para que respondas con ansiedad.

2) Lo que has aprendido se fortalece o se debilita

Una situación como la que se ha descrito en el apartado anterior puede ser una experiencia aterradora momentánea o el comienzo de una fobia de por vida. Esto es así porque el siguiente paso en el proceso cognitivo del cerebro dependerá de cómo actúes después del suceso.

La conexión que se formó en tu cerebro después de la experiencia con el perro provoca una ansiedad que se reactivará automáticamente la siguiente vez que te encuentres con uno o con cualquier cosa que te recuerde ese suceso.

A – Las conexiones aprendidas se fortalecen

Ahora, si evitas acercarte demasiado a los perros o evitas las cosas que te recuerdan el suceso, esto te creará una sensación temporal de bienestar. Y ahí es donde tiene lugar el segundo paso en el proceso de aprendizaje: aprendes que evitando esas cosas reduces tu ansiedad, si te mantienes alejado de los perros no te sentirás asustado. Sin embargo, esto es solamente algo momentáneo.

Lamentablemente, también estás enviando otros mensajes a tu cerebro con esta actitud:

- que los perros son peligrosos (¿por qué los evitarías o si no?) o,
- que la ansiedad es peligrosa (y que "debes" intentar reducirla).

Ahora has fortalecido tu primera respuesta de ansiedad y además has aprendido algo nuevo: que la ansiedad en sí misma debe ser evitada.

B – Las conexiones aprendidas se debilitan

Si eliges acercarte al perro a pesar de tus temores/ansiedad (y sale bien), aprenderás tres cosas completamente diferentes de esta situación:

- los perros no son siempre peligrosos, o
- la ansiedad no es peligrosa (desaparece al cabo de un rato) y, con el tiempo, también aprenderás que...
- acercarte a lo que te asusta reduce la ansiedad a largo plazo y de manera definitiva.

La trampa de la evitación

Gracias a la habilidad de aprender del cerebro, lo aprendemos prácticamente todo. Aprendemos a salivar cuando pensamos en un pastel de manzana, aprendemos a ser buenos para que nos aprecien, aprendemos que los dulces reconfortan, aprendemos a leer y aprendemos a escribir.

Obviamente, el problema es que también aprendemos la ansiedad, el estrés y la depresión. Cuando experimentamos desasosiego, amenazas y dificultades, tendemos a conectarlo con sensaciones físicas y con ciertos contextos y pensamientos.

Si eres sensible, esto puede significar que solamente necesitas pensar en cosas desagradables (por ejemplo, tu trabajo) para sentir la ansiedad.

Las células del cerebro que han sido activadas cambian ligeramente, de manera que les resulta más fácil activarse mutuamente. Esto significa que se conectan experiencias completas.

Cuando tienes una sensación similar a estas experiencias previas, las señales eligen automáticamente la ruta más fácil, es decir, a través de células que ya fueron activadas la última vez y que, por lo tanto, son más fáciles de volver a activar. Se activan pensamientos, sensaciones y recuerdos.

Entonces, si en la ocasión anterior huiste y sentiste alivio por ello, esto es lo que marcará tu experiencia positiva y tu piloto automático trabajará duramente para hacerte elegir la misma solución la siguiente vez. Habrás caído en la trampa de la evitación.

Entrenarse para estar calmados

¿Qué deberíamos hacer para no aprender la ansiedad? ¿Cómo podemos aprender a estar más calmados? ¿Deberíamos pasar más tiempo tumbados en una hamaca o hay alguna otra manera de hacerlo?

Básicamente, se trata de entrenarse, de la misma manera que te entrenas para hacer otras cosas, ya sea salto en altura o pintar con acuarelas. El truco es, identificar detenidamente lo que debes practicar. Una vez hecho, avanzas paso a paso haciendo cosas cada vez más difíciles.

Establecer los objetivos del entrenamiento

Entonces, ¿qué tipo de cosas necesitas practicar si quieres estar tranquilo? Para descubrirlo, necesitas pensar en las siguientes cosas:

1) Elegir el lugar donde vas a practicar

¿En qué situaciones quieres estar más calmado?

¿En las reuniones, en los supermercados, cuando tus hijos están de viaje, cuando ves una araña o cuando estás solo?

2) Técnicas de entrenamiento

¿Cómo se comporta en esas situaciones la gente que parece calmada?

¿Hablan con claridad o lo hacen entre dientes?

Cuando van al cine ¿se sientan cerca de la entrada o en el medio?

¿Llaman a sus hijos a menudo para saber si están bien o esperan a que sus hijos les llamen a ellos?

¿Piensan todo cuidadosamente antes de hablar e intentan adivinar lo que la gente piensa de lo que han dicho, o hablan libremente y esperan que los demás hagan lo mismo?

Todos los tipos de entrenamiento requieren técnica, es decir, hacer las cosas de una determinada manera. En el salto de altura, escuchas lo que te dice el entrenador u observas lo que hacen otros atletas con más experiencia.

Sigues las instrucciones y practicas repetidamente, a pesar de que a veces pareciera que los resultados tardan una eternidad en ser perceptibles.

3) Empezar con la altura adecuada

¿A qué altura deberías poner la barra para saltar?

¿Comienzas por los dos metros o intentas practicar saltando medio metro primero?

Entrenes lo que entrenes, es importante comenzar a un nivel que proporcione un reto razonable y después ir aumentando la dificultad. Piensa que incluso los mejores saltadores de altura deben a veces bajar la barra.

Es parte del juego, saben que las cosas simplemente son así y eso no hace que dejen su carrera. Al contrario, dan un paso atrás y practican su técnica un poco más.

4) Mide el éxito de forma correcta

El salto de altura se mide en centímetros, no en cómo se sintieron los atletas al saltar. De hecho, ocurre lo mismo cuando se entrena para estar calmado: tus sentimientos no son lo que deberías usar para medir tu progreso. Aquí es donde se equivoca mucha gente y, por consiguiente, se sienten como si hubieran fracasado, aunque hayan alcanzado todas sus metas.

Los sentimientos son automáticos y se ven afectados por tantos factores que es como intentar medir las cosas con una cinta elástica. La única manera de medir tu progreso es ver si efectivamente llevas a cabo lo que tenías planeado, cuántas veces lo haces o durante cuánto tiempo.

Los sentimientos de bienestar, calma y seguridad a veces se quedan atrás y aparecen algo más tarde.

Esperar el momento adecuado

Hay muchas personas que podrían llegar a ser artistas o escritores si sólo se tratara de tener talento, pero que esperan toda su vida por el momento adecuado para comenzar. ¡El sentimiento correcto, la inspiración!

Lo mismo se puede aplicar a la gente que está deprimida, que tiene problemas de ansiedad o baja autoestima. Saben lo que realmente quieren hacer, y puede que sepan lo que les haría sentir mejor o, al menos, lo que solían apreciar de la vida.

Tienen sueños y visiones, y están preparados para coger fuerzas y cambiar sus vidas en cuanto se sientan un poco mejor, en cuanto sus sentimientos de malestar desaparezcan y se sientan inspirados.

Primero viene la conducta, después el sentimiento

El problema es que el sentimiento de malestar no desaparecerá tan simplemente. Cambiar tu vida es un trabajo duro, y este trabajo tiene que hacerse independientemente de lo que sintamos durante el proceso. Muchos autores publicados saben que tienen que seguir escribiendo horas y horas independientemente de si se sienten inspirados o no.

Los atletas saben que deben seguir entrenando día a día, aunque se lesionen y se sientan desesperados. Saben que el sentimiento adecuado vendrá, y a veces permanecerá un largo tiempo. Primero viene la conducta, después el sentimiento.

Lo mismo sucede en tu cerebro: en un principio, el piloto automático da rienda suelta a todo tipo de sentimientos, pero después de que las experiencias reales muestren una y otra vez que es una falsa alarma, el cerebro reajusta sus respuestas.

Con el entrenamiento, tu cerebro puede aprender también que la ansiedad, el estrés y otros tipos de sentimientos desagradables no deben ser necesariamente evitados ya que afrontarlos puede hacernos sentir bien después de todo.

O, como dijo una sabia mujer, "si te tienes que sentir como un trapo viejo, al menos podrías, mientras tanto, hacer algo divertido".

Saltar desde las alturas

¿Alguna vez has saltado de un trampolín o dado un gran salto al agua fría desde lo alto de un acantilado?

En ese caso, puede que no necesites leer esto porque ya sabes cómo funciona. Pero déjanos deducir que no lo has hecho y te gustaría probar ese salto excitante que todo el mundo dice que es tan divertido. Como es la primera vez, no quieres saltar de un lugar muy alto, así que posiblemente tres metros estén bien.

Así que, ahí estás con el mar debajo, esperando.

Estás esperando el sentimiento adecuado, esperando a que se vayan las mariposas que sientes en el estómago, esperando a que desaparezca el malestar. La pregunta es ¿cuánto tiempo deberás esperar para que no haya ningún sentimiento desagradable?

¿Y qué pasa si saltas, aunque no te sientas perfectamente bien y después vuelves a subir y saltas de nuevo?

¿Se hace más fácil o difícil?

¿Y si lo haces diez veces?

Esto es aproximadamente lo que puede suceder cuando tienes dificultades para iniciar algo: rechazas hacerlo porque no se siente bien. No se siente bien contactar un viejo amigo, te es difícil salir a dar una vuelta y puede que hasta te sientas mal al levantarte por la mañana. Sólo cuando hayas hecho estas cosas repetidamente, florecerán los buenos sentimientos.

La metáfora del trampolín es original de Dan Katz, un eminente terapeuta Cognitivo conductual sueco.

Entrenar una lagartija

¿Alguna vez has intentado entrenar una lagartija?

¿Sacarla a pasear con correa o hacer que se arrodille?

¿Soltarla y hacerla volver con la orden "¡Vuelve Lagartija!"?

Por divertido que parezca, hay una parte en nuestro cerebro llamada "cerebro reptil". Es el área del cerebro que se encarga de las funciones más primitivas, como las amenazas, la regulación de la temperatura, la vigilancia y cosas similares.

La amígdala cerebral, es un conjunto de células situadas más o menos en el centro de nuestra cabeza y se encarga de manejar las emociones (las emociones son sentimientos de los que todavía no somos conscientes).

Se podría decir que la amígdala es nuestro piloto automático en lo que concierne a las amenazas y respuestas al estrés. Cuando nuestra lagartija interna (amígdala) recibe información de algo que teme, se comienza a retorcer salvajemente y activa todo el sistema de defensa.

Y al igual que la lagartija, la amígdala no es algo con lo que se pueda razonar fácilmente. Un hecho interesante en este contexto es que no hay células nerviosas en el centro del lenguaje (dentro del cerebro) que manden mensajes a la amígdala, así que, aunque a nuestra lagartija interior le importaran las palabras y los argumentos sensatos, por desgracia no podría oír lo que le decimos.

Por otro lado, sí puede responder a nuestro comportamiento. Entonces, ¿cómo puedes hacer que la lagartija se asuste menos?

Imagina que la pones en un terrario lleno de serpientes. Las serpientes son el enemigo natural de las lagartijas, así que la lagartija se quedará tiesa y se hará la muerta o empezará a correr y a hacer destrozos.

Digamos que estas serpientes son inofensivas (como muchas de las cosas que causan ansiedad). No importa que estés allí diciéndole a la lagartija que se calme, ella seguirá retorciéndose. Sin embargo, terminará por darse cuenta de que las serpientes no le están haciendo ningún daño (no puede seguir corriendo y haciendo destrozos para siempre).

Después de algún tiempo, la lagartija y las serpientes se ignorarán por completo. La lagartija ha aprendido que las serpientes no la atacarán. Así es exactamente cómo entrenamos a nuestra lagartija interior, excepto por el hecho que nosotros damos un paso a la vez para hacer la experiencia más soportable.

9 ESTRATEGIAS DE AFRONTAMIENTO

Entrenamiento en estrategias de afrontamiento es un ejercicio fundamental para trabajar con la ansiedad y te recomendamos que le dediques mucho esfuerzo a esta tarea.

Recomendamos trabajar con planes semanales que consisten en tres pasos:

Primero tienes que establecer metas. Comienza anotando en una lista las situaciones y las cosas que te gustaría poder hacer y que ahora te lo impide la ansiedad.

Después creas un plan con ejercicios que te lleven a la meta y que puedes realizar en el plazo de una semana. Lo mejor es trabajar con una meta y un plan a la vez. Te recomendamos que leas la parte sobre conductas de seguridad que suelen ser un obstáculo para alcanzar tus metas.

Al final de la semana evalúas lo que has hecho y planificas nuevos ejercicios sucesivamente. Puedes repetir el mismo plan varias semanas si sientes que necesitas más tiempo.

Comenzar un cambio - El arte de vivir una buena vida

Si quieres cambiar algo y desarrollarte como ser humano hace falta concentración, paciencia y ejercicios sistemáticos. Para que el entrenamiento tenga el mejor resultado posible hay que adaptarlo para que se ajuste a ti y tus problemas. Se puede decir que el objetivo de este ejercicio es:

¡Crear un programa de entrenamiento para vivir una buena vida!

Paso 1: Fijar una meta

Coge un papel blanco y crea una lista de tus metas, lo que te gustaría hacer, pero donde tu ansiedad te lo impide. Una meta también puede ser poder manejar situaciones que te crean ansiedad.

Recomendamos que mires lo que has escrito en el análisis de conducta del capítulo 7, o de la brújula de la vida del capítulo 3, si tienes problemas para encontrar situaciones o metas para el ejercicio.

Haz una estimación de cuánta ansiedad la situación o la meta conlleva. Usa una escala de 0 a 10 donde 0 es no ansiedad y 10 máximo ansiedad.

Puedes rellenar la lista de dos formas distintas:

1) Escribir situaciones que te crean ansiedad y que te gustaría poder hacer mejor. Pueden ser situaciones típicas de ansiedad como hacer una presentación, conocer a gente, pasar por un puente, estar solo/a, etc.
2) Escribir metas a alcanzar. Pueden ser de carácter general como, estar más tranquilo/a, no preocuparme por la economía, etc.

Recomendamos usar una pizarra y/o hoja en blanco y pegar tus metas en la pared.

Paso 2: Plan de entrenamiento

Coge otra hoja en blanco y trata de planificar por lo menos un ejercicio cada día durante la próxima semana que te acerque cada vez más a tus metas. Puedes dividir las metas en submetas que creas que puedes lograr.

Empieza el primer día con algo que te resulta más fácil para después ir aumentando el grado de dificultad. Sabemos que este ejercicio puede resultar difícil, sin embargo, es muy importante que le dediques todo el tiempo que sea necesario.

Decide cuándo vas a hacer el ejercicio. Tómalo en serio y considéralo como una cita contigo mismo, donde te entrenarás en el arte de vivir una buena vida.

Anota el tiempo que has pensado dedicarle al ejercicio. Si tu problema es de ansiedad, deberás dedicar el tiempo que haga falta para que esta baje. Pueden ser 20-30 minutos o a veces más.

El principio fundamental

Entrenamiento en estrategias de afrontamiento, significa enfrentar lo que para ti es incómodo y difícil. Entrena simplemente algo que no haces bien. En la práctica significa que el cerebro tiene una posibilidad de adaptarse a lo que le es incómodo, para que finalmente no provoque una reacción de amenaza, es decir, ansiedad.

En casi todo tipo de entrenamiento hay que aumentar el grado de dificultad sucesivamente (empezar el entrenamiento de salto alto con 2.10 metros casi seguro será un fracaso).

Reparte la meta en submetas y comienza con lo más sencillo.

Entrena algunas veces hasta que sientas que lo dominas bien y entonces aumentas el grado de dificultad.

¡No te rindas!

Para acostumbrarse a un nuevo sabor hace falta probarlo un promedio de 11 veces. Acostumbrarse a algo amenazante puede llevar aún más tiempo, sin embargo, sería una pena perderse una delicia sólo porque te rindes después de 10 veces.

Es difícil encontrar ejercicios

A veces es difícil identificar lo que debes entrenar, sólo te sientes ansioso en general. Algo que te podrá ayudar es hacerte estas preguntas:

- ¿Qué haría si estuviera tranquilo y sin ansiedad?
- ¿Cómo sería mi postura?
- ¿En qué me enfocaría?
- ¿Actuaría de forma distinta? ¿Cómo y cuándo?

Tus respuestas son seguramente ejercicios perfectos. Actúa como si estuvieras tranquilo, orgulloso, fuerte, y perfecto. Primero hay que entrenar el comportamiento, después vienen los pensamientos y sentimientos...

Arriesgarse

Algo que no siempre es obvio es que todo cambio conlleva un riesgo. En parte es exactamente este el objetivo: hacer cosas que te provocan alto grado de incomodidad y acostumbrar las partes sensibles de tu cerebro a sensaciones nuevas.

Se trata de darle al cerebro nuevas experiencias y mover el límite de lo que es normal y lo que se vive como una amenaza.

Dejar de controlar

El control es una de las fuentes más grande de problemas. Tratas a toda costa de controlar cómo te sientes, aunque no puedes.

En algunos casos es obvio que el control es el problema. El compulsivo se lava las manos excesivamente para controlar el contagio con algún organismo patógeno, el hipocondríaco hace controles médicos o autocontroles del cuerpo de manera compulsiva, el celoso controla directamente al otro, si llega tarde, SMS, emails, etc.

El control es, según nuestro punto de vista el eje central en todos los problemas relacionados con ansiedad. Nuestros pensamientos giran en torno al control, por ejemplo, pensamos en situaciones y luego las evitamos "controlando" de esta manera la ansiedad que nos provocan, llamamos a nuestros hijos para "controlar" que han llegado bien, nos preocupamos generalmente por "si acaso" ...

¡El control no es malo en sí! El problema es que nosotros, cuando tenemos ansiedad intentamos controlar las cosas que no se pueden controlar, intentamos controlar cómo nos sentimos por dentro.

¿Qué son las conductas de seguridad?

Las personas con ansiedad normalmente realizan "para protegerse" una serie de conductas de seguridad. Las conductas de seguridad son pequeños trucos aprendidos que facilitan a las personas el poder enfrentar diferentes situaciones que les provocan incomodidad.

Por ejemplo, llevar siempre una botella de agua fuera de la casa, nunca apagar el teléfono móvil o llevar gafas de sol para evitar mirar a los ojos a otra persona en una situación social.

El problema de las "conductas de seguridad" es que dan información errónea al cerebro. La información al cerebro será que lo que estás haciendo es peligroso y por eso necesitas seguridad extra.

Las gafas de sol dan el mensaje al autopiloto que es peligroso mostrar los ojos, usar jersey rojo para camuflar el rubor da el mensaje que es vergonzoso ponerse rojo. Si todo te sale bien, el cerebro lo interpretará como que es gracias a las conductas de seguridad.

Algunas conductas de seguridad comunes en ansiedad social
- Estar contra la luz – no tener que ver los demás
- Estar cerca de la puerta
- Controlar dónde hay baños antes de la reunión
- Decir algo al principio y después quedarse callado

- Jugar con las llaves
- Llevar gafas de sol

Ansiedad generalizada
- Picotear
- Tener radio y/o la televisión encendida todo el tiempo
- Llamar para controlar algo

Crisis de pánico - agorafobia
- Siempre llevar una botella de agua
- Llevar un amuleto
- Estar cerca de la salida en el cine

El objetivo del entrenamiento es eliminar todas las conductas por completo o lo más posible

Cambiar el enfoque

Casi siempre cuando sufres ansiedad, y sobre todo en los casos de ansiedad social o ansiedad generalizada, el enfoque es hacia adentro.
- Piensas en cómo te sientes
- Piensas en que piensan y opinan los demás
- Tratas de ver y evaluarte desde fuera
- Tratas de planificar exactamente lo que vas a decir (a veces al mismo tiempo que hablas)

El resultado es que no escuchas bien lo que te dicen, te distraes, pierdes fluidez en la conversación y lo que es más importante, la ansiedad aumenta.

Enfocar hacia fuera es un ejercicio útil para combatir la ansiedad. Escuchar bien a los demás, estar atento a cómo se comportan los demás, ser curioso.

En todas las situaciones donde los impulsos tratan de hacerte evitar o controlar algo, entrénate a dirigir tu atención a lo importante – a tu alrededor, sonidos, imágenes visuales, olores, tacto, etc. – y menos en cómo te sientes en el interior en el momento.

Paso 3: Evaluación

Coge otra hoja en blanco y evalúa el nivel de la ansiedad esperada antes de hacer el ejercicio y tu nivel real de ansiedad al realizarlo. Usa una escala de 0 a 10 donde 0 es no ansiedad y 10 máximo ansiedad.

Evalúa también el éxito que has tenido al hacer el ejercicio planificado.

¿Lograste hacer la tarea que habías planificado, o quizás cumpliste con una parte del ejercicio?

Usa una escala de 0 a 10 dónde 0 es muy mal y el 10 es muy bien.

Añade la fecha y tus comentarios y cuelga la hoja al lado de la hoja con los ejercicios.

Retrocesos

Claro que deseamos que todo debiera ser cada vez mejor y mejor. ¡Todo el tiempo! Pero lamentablemente nunca avanzamos sin dar también algunos pasos hacia atrás. Recomendamos que veas este ejercicio como un curso de foxtrot – dos pasos para adelante y uno para atrás.

También lo podemos comparar con montar a caballo. Cuando te caes hay que subir al caballo de nuevo – ¡cuanto antes mejor! Lo que hay que tener en cuenta es que algunos caballos simplemente son demasiado indomables para tu nivel – entonces es una buena decisión elegir a otro animal, menos salvaje.

Cuidar a nuestros bebés, los pensamientos y los sentimientos

Podemos ver a nuestros pensamientos y sentimientos como niños pequeños. ¡Están allí y los quieres! Ellos hacen que la vida valga la pena.

Pero no siempre hacen lo que queremos nosotros. Protestan gritando cuando hay que ir al colegio. No quieren comer el pescado. No se quieren ir a acostar.

Así son nuestros pensamientos y sentimientos. Viven y existen en el ahora y hacen lo que pueden para evitar lo que es difícil.

Al mismo tiempo no podemos dejar a los niños hacer lo que les dé la gana. Con mano suave y firme los empujamos hacia adelante a pesar de sus protestas. A veces les dejamos libres, para más tarde llamarlos de nuevo al orden y consolarlos si hace falta. Les ayudamos paso a paso a acercarse a lo que es importante y valioso, para que al final puedan decir que era el lugar donde querían estar todo el tiempo.

Exactamente así tenemos que ser con nuestros pensamientos y sentimientos. Amarlos y dirigirles hacia donde queremos.

10 LOS PENSAMIENTOS

Los pensamientos son algo que está muy relacionado con la ansiedad. Piensas sobre tu situación presente y cómo has llegado a esto, piensas sobre qué hacen y piensan los demás, sobre cómo te sientes y porqué. Los pensamientos son al mismo tiempo un síntoma y un mecanismo automático para tratar de "solucionar el problema" y así sentirse mejor. En este capítulo profundizamos el tema de los pensamientos, por qué pensamos cómo pensamos y cómo funcionan.

El sistema de alarma

¿Has pensado sobre cómo nosotros los seres humanos hemos podido sobrevivir durante el transcurso de los siglos? Somos lentos y no sabemos escalar muy bien. Lo que nos queda de garras muchas veces nos las mordemos y los dientes casi sólo sirven para comer verduras cocidas. No es extraño hacerse esta pregunta.

Una de las razones es que tenemos un sistema de estrés muy eficiente. Cuando nos enfrentamos a una amenaza, el sistema se activa en un segundo.

El corazón empieza latir más rápido, la presión sube y estamos muy enfocados. El cuerpo se adapta perfectamente para poder luchar o huir de la manera más eficiente.

Pero este sistema lo tienen otros animales también. Hace falta algo más para explicar por qué hemos llegado a tener tanto éxito y desarrollo.

Lo que tenemos como ventaja adicional respecto de otros animales es un sistema mucho más desarrollado. Se trata de nuestros pensamientos, las palabras, nuestro radar de amenazas.

El radar de amenazas

La efectividad en nuestro sistema de alarma depende del lenguaje y/o el radar de amenazas, es decir, de nuestros pensamientos que examinan el entorno y las sensaciones físicas, los evalúan y los comparan con experiencias o asociaciones previas.

Seguramente así lo hacen muchos animales. La gran diferencia es que hacemos asociaciones de una forma distinta: asociamos palabras y pensamientos anteriores y sacamos conclusiones.

Para una jirafa, un sitio puede parecer peligroso porque fue atacada allí. Para una persona, el mismo sitio puede parecer peligroso sólo porque alguien le ha hablado sobre un ataque en ese lugar o porque el sitio se parece a otro lugar peligroso o porque un amigo ha sido atacado hace poco en otro contexto.

Esto hace que nuestra reacción de estrés (que fácilmente se convierte en ansiedad) hoy en día se active en cada momento, incluso en los momentos tranquilos, porque para el sistema de supervivencia no importa si se activa algunas veces más de la cuenta.

Los pensamientos sobre el futuro, la economía, y lo que piensan los demás son situaciones típicas que pueden provocar estrés e intranquilidad, porque en algún momento lo hemos asociado a algo desagradable

Aceptar los pensamientos

En este ejercicio vas a explorar más de cerca tus pensamientos y sentimientos, las funciones que cumplen y el control que tienes sobre ellos. Encontrarás una serie de textos cortos, ejercicios que te ayudarán a reflexionar y verlos desde otra perspectiva.

Los pensamientos y sentimientos se asocian

Una característica maravillosa de tus pensamientos es la posibilidad de hacer conexiones entre cosas. Sientes el olor a canela y te recuerda del arroz con leche que hizo tu mamá, ves un palo al lado del camino en el bosque y te da un susto (porque ves una serpiente).

Mucho de nuestro aprendizaje se basa en esta habilidad. Aprendemos palabras claves, imágenes claves y las conectamos con experiencias y recuerdos. De esta manera podemos tener en la cabeza gran cantidad de información relacionada.

La desventaja con nuestra capacidad de asociación es que es totalmente automática y siempre conectamos, aunque no queramos hacerlo. Conectamos una cosa con otra independientemente si es "verdad" o no.

Otra desventaja es que la capacidad de asociación es más eficaz cuando se trata de cosas negativas. Realiza nuestros ejercicios de asociación y ve cómo tus pensamientos y sentimientos se conectan, es decir, se asocian unos a otros.

El limón

Siéntate y relájate un momento. Basta con que inspires profundamente y expiras.

Ahora imagínate que llevas un limón en la mano. Es un limón grande y sientes el tacto de la cáscara en tu mano. Es amarillo claro y pesa un poco.

Sacas un cuchillo y cortas el limón en dos. Una gota de jugo se cae. ¡El limón es realmente maduro y jugoso!

Lo levantas a la boca y das un mordisco grande.

Nos imaginamos que sentiste una sensación especial en la boca cuando te imaginabas la situación. ¿Quizá incluso empezaste a salivar?, ¿quizá sentiste un sabor ácido? Te imaginas un limón y tu cuerpo reacciona como si tuvieras el limón en la mano. ¿Era verdadero el pensamiento?, ¿tienes acaso un limón invisible en el bolsillo?

Si sólo el pensamiento puede provocar una reacción física como ésta, ¿Qué pasa entonces con otros pensamientos?, ¿cómo reaccionamos frente a pensamientos como los siguientes?

"No tengo suficiente tiempo para terminarlo. Soy un fracasado".
"Si esto no sale bien, es mejor que cambie de trabajo".
¿Son verdaderos los pensamientos?,
¿qué sentimientos despiertan?,
¿nos sentimos mejor cuando damos por verdades esos pensamientos?
Reflexiona un rato en eso antes de seguir con el ejercicio.

Palabras que contagian

La función más importante de los pensamientos es descubrir y analizar amenazas, es decir todo lo que provoca o que podría provocar un malestar o un peligro.

Para que esta alarma sea eficiente está construida de tal forma que ni siquiera tenemos que haber vivido algo para que nos provoque malestar. Gracias a la capacidad de conectar todas las cosas que están (o podrían estar) asociadas a peligro, el sistema se hace supereficiente y señala peligros en cada momento.

En términos prácticos significa que cuando alguien te ha contado que se cometió un asesinato terrible en un lugar dónde sueles caminar, pensarás en ello durante tus caminatas en ese lugar. Quizás hasta sientas un poco de miedo, a pesar de que el asesinato sucedió hace muchos años. Incluso aunque te enteras de que la historia fue inventada, los sentimientos incómodos pueden aparecer igualmente.

Aún más, el pasear por otros lugares parecidos al narrado en la historia, puede provocar el mismo sentimiento.

Aquí presentamos otro ejemplo de cómo las palabras pueden ser contagiosas.

Quizás te has dado cuenta de cómo te pones más estresado cuando hablas de tus preocupaciones. O te pones más triste cuando hablas de lo mal que te sientes.

Incluso la palabra depresión o la palabra ansiedad pueden tener relación con tu estado de ánimo, ya que están ligadas a sentir desesperanza, miedo de posibles enfermedades y a distintos símbolos de algo desagradable. La palabra está cargada de todo lo que significa depresión/ansiedad – tanto las cosas que has vivido en persona como las cosas que te han contado.

Se parece al efecto del limón – la palabra y el pensamiento crean una sensación fisiológica.

Piensa un rato en algunas de estas palabras que constantemente aparecen y crean un "efecto limón" antes de avanzar al siguiente párrafo.

Nervios en espejo

¿Cómo funciona nuestro lenguaje no verbal en realidad? Seguramente has oído que un 80 por ciento de lo que decimos lo decimos con el cuerpo.

Aunque sea difícil saber el porcentaje de nuestra comunicación no verbal o corporal versus nuestra comunicación verbal o con palabras, nadie pone en duda que nacemos con un sistema para interpretar expresiones de rostros y cuerpos, muy efectivo.

En las investigaciones científicas del cerebro, se ha encontrado un área que al parecer está dedicada, sobre todo, a entender los sentimientos que transmite una cara.

Imitamos las expresiones y sentimos lo mismo

En un experimento se ha podido mostrar que nosotros automáticamente imitamos expresiones que vemos en otros. Si vemos alguien que está enfadado se activan los músculos de enfado en la cara y al revés si alguien está feliz.

Esta reacción es totalmente inconsciente, aunque sólo veamos la expresión del rostro por tan poco tiempo que apenas nos demos cuenta. En el experimento se muestra una cara neutral y en medio de la sesión se muestra una cara enfadada durante unos milisegundos. Es tan rápido que la persona no se da cuenta, y, aunque no es consciente, su rostro reacciona imitando la expresión de enfado.

Reaccionamos inconscientemente a las reacciones y expresiones de otros. Personas felices nos hacen más felices y no enfadamos más en un ambiente malhumorado. ¿Y quizás estemos más estresados en un ambiente de gente nerviosa?

La importancia de la memoria

Otra característica de nuestra máquina de palabras y pensamientos que vale la pena mencionar es la memoria. Tenemos una memoria fantástica a nuestra disposición. Haz esta prueba que pone en evidencia cómo puede funcionar.

Gana 10 millones

Hagamos un pequeño experimento, ¡Un experimento que te puede resultar muy lucrativo! ¡Puedes ganar 10 millones de dólares si lo haces bien! Así se hace:

Elige tres números entre uno y diez.

¡Vale! ¿Te acuerdas de los números? (¡Deberías acordarte, si los elegiste no hace más que un par de segundos!)

¿Te acordarás de los números mañana?

Para ayudar a tu memoria podemos decir esto: Si te acuerdas de los números en CINCO AÑOS, y los puedes repetir cuando nuestro representante te vaya a visitar, entonces ¡TE REGALAREMOS 10 MILLONES DE DÓLARES! De verdad, te lo prometemos. Palabra de honor.

La pregunta es entonces, ¿Te acordarás de los números en cinco años?

Piensas que sí te acordarías los números.

Y seguramente tienes razón —es algo que está en línea con la manera de funcionar de nuestro cerebro. Aprendemos casi todo lo que es importante, y lo tenemos almacenado, en principio, para siempre.

¡Lo más importante lo recordamos siempre!

Hay algo que es más importante que ganar 10 millones. De niño la relación con tus padres era lo más importante. Vida o muerte. Existir y hacer lo correcto, ser bueno y recibir amor era tan extremadamente importante que tú (queriéndolo o no) te acordabas de todo lo que podría tener relevancia para eso. Por ejemplo, si alguna persona importante (madre, padre u otra persona importante como por ejemplo un amigo mayor o más fuerte) te dice:

"Eres tonto"

o

"No entiendes nada"

o

"Eres increíblemente bueno".

Te acordarás de eso. Lo llevas contigo como parte de tu banco de memoria, lo quieras o no.

¿Y... entonces qué importa?

Si es así, que la memoria almacena todo y que todo que importa de verdad, se queda pegado sin remedio siendo verdadero o falso, ¿qué significa eso?

Significa que te acordarás de tres números inútiles porque nosotros, unas personas que ni siquiera conoces, te hicimos pensar en ellos, ¡quizá te acordarás de ellos en diez años más!

Lo mismo pasa con cosas que personas importantes a tu alrededor te van diciendo de vez en cuando o te han dicho durante los años:

¡Tontorrón!
¡Qué desorganizado que eres!
¡Eres un llorón!
¡Realmente eres muy hábil y siempre me ayudas mucho!

Verdadero o falso, no importa. La alarma del cerebro funciona de tal manera que lo almacena todo como si fuera verdad. Los pensamientos están allí, forman parte de tu auto imagen o autoestima, aunque no lo quieras.

¿Tienes control?

¿Tienes control sobre tus pensamientos?

¿Tus pensamientos dirigen lo que haces?

¿haces lo que piensas y sientes?

¿o es al contrario?

¿lo que haces determina tus pensamientos y sentimientos?

¿o puede ser incluso de otra forma?

Son preguntas muy difíciles y no hay respuestas obvias. Las respuestas más importantes son las que nos enseña la vida, las que nos da la propia experiencia. Por eso te proponemos que hagas algunos ejercicios con tus pensamientos, que te pueden ayudar a tener una idea más clara de cómo es.

Hagamos un experimento: Deja de pensar

Si puedes controlar a tus pensamientos - deberías poder apagarlos. El primer experimento requiere apagar tus pensamientos. No pienses ni un pensamiento durante, digamos 5 minutos.

Bueno, ¿cómo te fue? Tenemos buenas razones para pensar que no te fue muy bien – al menos que golpearas tu cabeza contra la pared y quedaras en coma.

La conclusión de este experimento es que no se pueden controlar los pensamientos – al menos no los podemos apagar.

El gato

Hagamos otro experimento para ver hasta qué grado puedes controlar tus pensamientos. Es lo mismo que la última vez, pero mucho más fácil. Es algo que deberías poder hacer, por lo menos si crees que eres capaz de controlar tus pensamientos.

Durante los próximos cinco minutos sigue pensando con normalidad. Lo único que no puedes hacer es pensar en un gato o algo relacionado con gatos. Ninguna vez.

Si lograste no pensar en un gato durante estos cinco minutos te damos la enhorabuena. Un logro brillante y seguramente podrías tener futuro como monje tibetano.

Pero tenemos que preguntarte:

¿Cómo crees que tu cerebro logró hacerlo?

Puede que tu cerebro en su búsqueda de pensamientos tenga una frase escondida – "Sólo deja pasar pensamientos que no están relacionados con la palabra gato o con la imagen de un gato".

Aquí hay gato encerrado...

¿Realmente no pensaste en un gato?,

Uno tiene que pensar en lo que no quieres pensar - para mantenerlo lejos,

¿qué significado tiene esto para los pensamientos que no queremos pensar?, ¿o los sentimientos que no queremos sentir?

De esto vamos a hablar a continuación.

¿Qué puedes controlar?

¿Puedes relajarte por orden? Si te pedimos que te sientes y te relajes completamente ahora, ¿lo podrías hacer?

Quizás, dices tú...

Bueno, para ayudarte te podemos enganchar unos electrodos que miden tu ritmo cardiaco, presión arterial y conductividad de la piel, (este último funciona como un polígrafo midiendo la humedad de la piel) Con esto podemos controlar si realmente te relajas, y animarte si vemos en el aparato que te va mal.

No estoy muy seguro de que funcionará...

Pero como es tan importante que te relajes, podríamos ayudarte aún más conectando una pistola al aparato de medición. Te dispararía una bala si estás tenso. ¿Eso sí te debería motivar para relajarte?

La mayoría diría que no funcionaría nada bien. Si pensamos que tenemos que relajarnos muchas veces pasa lo contrario.

Puede ser que tratar de controlar tus sentimientos (''ahora tengo que dormir'') tenga el efecto contrario.

Esto significa que no puedes controlar lo que sientes con mucho éxito. Hasta hay un riesgo que tenga el efecto opuesto al esperado. Y sobre todo en los momentos más difíciles.

Parece que no es tan fácil controlar los pensamientos y los sentimientos. Incluso parece que mientras más molesto es el pensamiento o sentimiento, más difícil es mantenerlo a distancia.

Pero al mismo tiempo seguramente tienes ya la experiencia de poder controlar tus sentimientos, por lo menos de forma indirecta. Puedes enfocarte en algo a tu alrededor, planificar cómo hacer tu trabajo etc. Por lo menos cuando todo está tranquilo.

La situación es significativa

Quizás te has dado cuenta de que ciertos pensamientos aparecen en ciertas situaciones. Cuando hablas con alguien los pensamientos normalmente tratan sobre el tema que trata la conversación, cuando haces las compras quizá son pensamientos relacionados con la comida y de "encontrar los ingredientes" que aparecen en la lista de la compra.

Cuando te encuentras solo, aparecen pensamientos más íntimos, en la cama o en momentos sin actividad a veces aparecen pensamientos molestosos y negativos.

Por fin entonces,

¿Tienes algún control sobre lo que haces?,

¿tus actos son algo que puedes controlar?

Si por ejemplo te decimos que limpies nuestra oficina, ¿Lo podrías hacer?

En principio sí, contestas tú. Si estará limpia después es otra cosa...

Y si te apuntamos con una pistola que dispararemos si dejas de limpiar. Entonces, sí, seguramente estaría limpia la oficina.

¡Exactamente! ¡De esto tienes control! Estarás nervioso, quizá hasta aterrorizado, pero seguirás limpiando. <u>Nuestros actos, comportamientos, los podemos controlar de una manera muy distinta a los sentimientos y pensamientos.</u>

Actitud

Ves, oyes, piensas y sientes. Y casi siempre es todo automático y al mismo tiempo. Todo se conecta a una experiencia y contexto. Como ya has leído, los pensamientos tienen algunas características importantes.

El pensamiento es tu acompañante y tiene como su función principal detectar y señalizar todo lo que podría ser una amenaza - hoy o en el futuro.

Los pensamientos vienen de forma automática y sólo se pueden controlar hasta cierto punto - sobre todo a través de nuestros comportamientos.

Los pensamientos se asocian a sentimientos, eventos y a otros pensamientos y se hacen poderosos y dominantes.

Los pensamientos siempre parecen objetivos y verdaderos - aunque no siempre es así.

Abajo encuentras algunas ideas de que disposición puedes tomar ante los pensamientos y sentimientos para aumentar tu bienestar, nosotros lo llamamos "Actitud".

Los pasajeros del autobús

Imagínate que eres el conductor de un autobús. Los pasajeros son tus pensamientos, recuerdos y sentimientos. Están allí sentados detrás de ti - y algunos no son muy bonitos. Sucios, con cicatrices y dientes afilados y babeando están detrás de ti cuando vas conduciendo hacia tu meta.

Muchos de ellos amenazan con armas, alguien tiene un bastón, otro un cuchillo y un tercero parece que te podría desgarrar con las manos. También hay algunos pasajeros simpáticos, pero ello lo dejamos aparte por ahora.

Tienes un acuerdo con los pasajeros - o quizá se podría decir que ellos lo tienen contigo: Si tú haces lo que te dicen se mantienen atrás - casi fuera de tu vista. Pero - si no lo haces, te vienen a atacar inmediatamente.

Pensamos que conduces tu autobús hacia unas de tus metas reales en la vida - por ejemplo, si tu sueño es retomar los estudios vas conduciendo hacia la universidad. Los monstruos atrás gritan fuerte, y el primero viene hacia ti con su cuchillo grande.

¡Oye tú! Por aquí no puedes ir, piensa en tus hijos. ¿Quién va a cuidar de ellos? ¡Serán noches largas de estudios!

Tú lo piensas, y respondes que puedes estudiar media jornada. Y giras hacia los estudios de media jornada.

¡Eso fue fácil! Hasta quizás mejor, por lo menos para los niños, aunque quizás tu sueño era dedicarte a los estudios jornada completa.

Pero, de repente se despierta otro de los pasajeros y se acerca. Ves cómo se abre su boca babosa, y su aliento casi te hace dar la vuelta sin pensar. Ya sabes que va a venir.

¿Y dónde crees que vas ahora?, ¿a la universidad, he entendido? Pero, pequeño, entonces tengo una pregunta para ti, ¿cómo vas a encajar allí tú que eres tan estúpido y poco culto y además te cuesta mucho aprender algo nuevo! ¡Ni siquiera conduces bien el bus!

Cuando el monstruo empieza a buscar su arma en el bolsillo, giras rápidamente a la primera calle que cruza. ¡Vale!, dices, voy a empezar con un curso de noche preparativo. El baboso vuelve muy contento a su sitio.

Bueno, no era lo que había pensado, pero es mejor que nada. Y honestamente, no tengo tanta experiencia de estudiar.

Y justo cuando crees que has encontrado un buen camino se acerca otro pasajero - y es el peor de todos. Empiezas a temblar, y a buscar el primer camino para darte la vuelta.

¡Qué tonterías son éstas!, ¡ahora mismo te das la vuelta! Pasatiempos y pereza no te da de comer. Si tienes algo de inteligencia empezarías a ganar un poco de dinero para mantenerte a ti y a tu familia. ¡Búscate un trabajo extra y se como la gente decente!

Ya sabes lo que te espera. No tiene sentido discutir, sólo empeorará las cosas. Resignado das la vuelta y regresas y piensas que en el camino puedes pasar por la agencia de empleo para ver si hay trabajos esta semana.

Con el tiempo aprendes exactamente lo que hace falta para que los pasajeros no se te acerquen con sus armas y sus ojos amenazadores. Haces lo que quieren ellos y se mantienen alejados de tu vida. Aprendes por dónde ir para que no protesten, y después de un tiempo no tienes que escuchar sus gritos más que alguna vez.

Los monstruos dirigen tu vida con sus amenazas y chirriando sus cadenas y apuntando a tus lados más débiles. ¡Pero son sólo pensamientos! Parecen intimidantes, pero no te pueden hacer nada. Lo único que pueden hacer es aparecer para que los veas. Y para no tener que verlos tienes que transigir con tus metas y valores.

¿Hay otra manera?

¿Una manera que te permita mantener la dirección?

¿Podrías darles unas palmaditas en la espalda y dejarlos acompañarte si es que insisten en quedarse en el autobús?

¿El pensamiento te lleva hacia la meta?

Si no puedes controlar al pensamiento, si viene automáticamente y se hace más fuerte al asociarse a un sentimiento ¿cómo se hace entonces?

Lo primero ya lo has hecho, has leído y pensado sobre los pensamientos. Si estás de acuerdo y sientes que es así como funcionan los pensamientos, tienes una experiencia que puedes usar. Acuérdate de ésta, sobre todo cuando los pensamientos traten de llevarte a una dirección no deseada.

Deja que el pensamiento sea un pensamiento, el sentimiento un sentimiento - no los confundas con verdades.
- Es el pensamiento (el pasajero del autobús)
- Es el sentimiento (el miedo que te hace evitar lo incómodo)
- Es la voluntad (el deseo) (lo que te hace actuar en línea con lo que es importante y valioso)

Juegos de palabras para sentirse bien

Un experimento interesante que puedes hacer es intentar usar algunas palabras en tu lenguaje de vez en cuando - palabras que a veces pueden engañar a los pensamientos y cambiar su asociación a un sentimiento.

La palabra más fascinante es "pero". Cuando usamos la palabra pero normalmente es una negación o disminución de lo primero que hemos dicho. Dices algo y después un pero seguido por lo más importante.

Quiero estudiar, pero odio levantarme por la mañana.

Comparar con

Quiero estudiar y odio levantarme por la mañana.

 La primera frase suena como un conflicto que podría ser causa de dejar los estudios. En el segundo caso es una afirmación de dos sentimientos que están allí simultáneamente.
Trata de cambiar "pero" por "y" de vez en cuando para ver cómo se siente. Es un ejercicio eterno.

Tener un pensamiento

Entender cómo aparecen los pensamientos y porqué - no es una tarea fácil. No hay un truco fácil en la práctica para deshacerse de pensamientos no deseados.
En el fondo se trata de cómo uno ve sus pensamientos. ¿Eres los pensamientos o los tienes? Uno puede tener una rodilla que duele o un estómago sensible. Piensa sobre tus pensamientos de la misma forma como sobre un dolor de estómago. Tienes tus pensamientos, no los eres.

Intenta decir las siguientes frases en voz alta, y nota como te afectan:

Soy estúpida y tonta

Comparar con

Tengo un pensamiento que dice que soy estúpida y tonta

Estoy frustrada

Comparar con

Tengo un sentimiento de frustración.

Tengo que hacer algo o elijo hacer algo

Demasiado a menudo estropeamos nuestro bienestar al recuerdo de obligaciones, deseos y otras cosas que deberíamos o tenemos que hacer. Tener que y deber, son palabras que nos alejan de ahora, sea hacia algo que hemos planificado para el futuro o hacia sentimientos de culpa por cosas que habíamos planificado hace tiempo y nunca las hicimos.

Aquí hay otro juego de palabras que podemos usar para darle algo de pensar a los pensamientos intrusos. Consiste en cambiar "tengo que" o "debo" a "elijo".

Intenta con las frases de abajo...

Debería llamar a Elisa ahora

Comparar con

Elijo llamar a Elisa ahora o
Elijo no llamar a Elisa ahora.

11 PENSAMIENTOS AUTOMÁTICOS

Los pensamientos siempre están allí. Cuando te sientes mal, tienes ansiedad o estás estresado y fuera de equilibrio, los pensamientos tienden a ser negativos y tiendes a generalizar. Ves todo en negro y "piensas con las emociones"; te quedas atrapado en algo que podemos llamar "las trampas del pensamiento".

Cómo trabajar con estas trampas del pensamiento en forma sistemática y constructiva, es algo que trataremos en este capítulo.

Enfrentarse a los pensamientos

Cuestionar los pensamientos significa trabajar de forma sistemática para descubrir algunas de sus características, sobre todo el hecho de que sean verdaderos o creíbles.

Cuando "sacas" los pensamientos negativos y los miras con cierta distancia repetidas veces, se nota más la arbitrariedad de éstos y te será más fácil aceptarlos como algo que simplemente está allí, algo que va y viene y no necesariamente significa que tienes que comportarte de una cierta forma.

Hay cuatro preguntas que se suelen usar cuando se investigan pensamientos automáticos negativos:

1. ¿Qué pruebas hay? ¿Los pensamientos coinciden con los datos objetivos o hay cosas que indican lo contrario?

2. ¿Se puede ver el pensamiento de otra forma? ¿Cómo lo vería tu mejor amigo si estuviera en la misma situación? ¿Tu peor enemigo? ¿Un niño? ¿Un viejo sabio? Trata de ver la situación de muchas formas distintas y reflexiona si hay algo de verdad en las formas de verla.

3. ¿Cómo te afecta el pensamiento? ¿Es tu amigo? ¿Te ayuda en el camino hacía lo que consideras importante? ¿Te guía hacia tus metas?

4. ¿Puedes permitirte tener el pensamiento? Si se considera que el

pensamiento es automático y tiene como función tratar de descubrir todas las amenazas posibles, ¿es necesario que estés de acuerdo con el pensamiento o puedes permitirte tener el pensamiento sin hacer nada? Sólo dejarlo venir e irse.

Algunos consejos para trabajar con los pensamientos:

Anotar los pensamientos negativos

Una buena forma de trabajar con los pensamientos es anotarlos. Cuantos más encuentres mejor, y es una ventaja si lo puedes hacer todos los días. Los tendrás entonces sobre papel y puedes trabajar con ellos anotando las preguntas mencionadas arriba. Escribiendo los pensamientos te distancias de ellos.

Finalmente, los pensamientos suelen perder color y la fuerza para crear sentimientos negativos y te das cuenta de que no te quedas estancado en ellos tanto tiempo y con la misma frecuencia. Aparecen, los miras con un poco de distancia, notas que están allí y después desaparecen.

Llevar los pensamientos en el bolsillo

Otra manera de trabajar con los pensamientos es anotarlos en tarjetas y llevarlas en el bolsillo. Como los pensamientos son automáticos, siempre los llevas contigo en todo momento, la diferencia es que, apuntados en tarjetas, los haces más visibles y puedes sacarlos y mirarlos en el momento que quieras.

Pensamientos automáticos negativos

En nuestra cabeza hay un flujo constante de pensamientos e imágenes. Nuestro cerebro siempre está recibiendo información del mundo exterior, la evalúa, la compara con experiencias anteriores y con base en esto elabora conclusiones.

Sin embargo, nuestros pensamientos no son siempre del todo perfectos. Tenemos muchos pensamientos que compiten por "un espacio en nuestras cabezas", algunos de ellos con contenido positivo, otros negativos; algunos realistas y otros no.

Pensamientos automáticos negativos

Todos/as tenemos pensamientos negativos y la manera como pensamos tiene una relación estrecha con nuestras reacciones corporales y sentimientos. En la psicología cognitiva se habla sobre pensamientos automáticos negativos o trampas de los sentimientos. Son pensamientos con un contenido negativo o pensamientos que causan sentimientos negativos y que no son muy realistas.

Han sido aprendidos a lo largo de nuestra vida o asociados a ciertas situaciones o acontecimientos. Por la misma razón son en gran parte automáticos (creados inconscientemente), es decir, casi no podemos dirigirlos o impedir que aparezcan.

Las trampas de los pensamientos, o pensamientos negativos automáticos, pueden tener una pizca de verdad, pero normalmente están retorcidos, generalizados y, sobre todo, nos impiden ver una situación con objetividad.

Lo que podemos hacer es conocer los pensamientos de forma sistemática, revisarlos y mirarlos desde distintos ángulos, y de ese modo disminuir la influencia que tienen en tu persona. Es algo que trabajarás en el ejercicio de esta parte.

Las trampas del pensamiento o pensamientos tramposos

Los pensamientos tramposos son algo que todos tenemos y reflejan nuestras actitudes y convicciones más fundamentales, cómo nos vemos a nosotros mismos, a otras personas y al mundo.

Los pensamientos tramposos consisten en pensamientos que nos impiden ver objetivamente las situaciones. Normalmente tienen un algo de verdad, pero son unidimensionales, torcidos o muy generalizados. Normalmente nos hacen enfocarnos en lo negativo y eso hace que no veamos otras posibles explicaciones. Algunas trampas comunes son:

Todo o nada

Los pensamientos del todo o nada se caracterizan por ver todo en blanco o negro sin una escala de grises. Eres delgado o gordo, inteligente o tonto, exitoso o fracasado. Es común pensar que tienes que ser el mejor o ser querido por todos.

Para el cerebro resulta más sencillo dividir las cosas en sólo dos o tres categorías. En general, pone límites para que casi todas las cosas que lo superen le sean percibidas como amenazas. Este mecanismo sirve para detectar amenazas rápidamente. Estás preparado para recibir las críticas "esperando lo peor".

Generalización y Memoria selectiva

Generalizar es vivir una experiencia una vez e inmediatamente asegurar que siempre es así. Es una forma de aprendizaje: uno vive algo negativo y aprende rápidamente que es así siempre y para todas las situaciones.

La generalización está relacionada con lo que en psicología se llama "memoria selectiva", que es una tendencia a sólo recordar las situaciones cuando las cosas no han ido bien. Por ejemplo, es común que las personas con problemas de insomnio recuerden y piensen en las veces que no han dormido, pero no recuerdan que, a pesar de todo, muchas noches duermen bastante bien. Las personas deprimidas tienden a recordar las cosas que han ido mal y olvidar las cosas que han ido bien.

Para alguien con adicción al juego se manifiesta al revés: se olvidan del dinero que han perdido, pero con facilidad recuerdan las veces que han ganado.

• Todo lo que hago sale mal.

• Mi esposo/a nunca me escucha.

• Después de una noche sin sueño no funcionó bien.

• En este sitio suelo ganar (es decir, 3 veces 10 euros en los últimos seis meses)

Debo – debería

¿A quién no le suenan familiares estas palabras? Quizá es uno de los fundamentos del idioma para poder aprender lo que está bien y lo que está mal, lo que representa una amenaza o no. En todo caso son palabras que fácilmente nos acompañan a través de la vida y muchas veces sin que nos demos cuenta de que le sigue un condicional: "Debo o debería hacer esto o aquello, O SI NO..." En la última parte de la frase está la amenaza escondida.

Si quieres investigar esto con más profundidad, puedes estar atento a cómo utilizas las palabras debo y debería, y a veces tratar de cambiarlas por palabras que son menos exigentes: "Yo elijo" "Me gustaría que..." Puede ser que la amenaza siga allí, pero por lo menos habrás asumido la responsabilidad de tus actos. Eso significa que tienes la posibilidad de elegir si lo quieres o no.

Pensar con los sentimientos

Pensar con los sentimientos es en realidad lo que haces siempre cuando te dominan los pensamientos negativos. Sientes un malestar y piensas automáticamente: "si siento así, es así". El "leer los pensamientos de otro" es un poco de lo mismo: crees que alguien piensa u opina de una cierta forma, sin que esa persona lo haya dicho.

• Ella no lo ha dicho, pero yo puedo ver que le caigo mal.

• Todos piensan que soy pesado/a y en realidad no quieren que venga a la fiesta, así que me quedo en casa.

12 ENFRENTARSE A LOS PENSAMIENTOS NEGATIVOS

Los pensamientos automáticos negativos y las creencias disfuncionales se pueden abordar en tres pasos:

- Identificar los pensamientos que tienen un efecto negativo sobre tu estado emocional.
- Analizar los pensamientos negativos mirándolos desde diferentes puntos de vista.
- Encontrar pensamientos alternativos que estén más en línea con la realidad y tus objetivos.

Un pensamiento automático negativo es un tipo de pensamiento evaluativo, rápido, breve, a menudo ilógico, poco realista, inadecuado, desproporcionado y que generan sentimientos negativos y conductas poco eficaces.

Cuando practicas varias veces "la captura" de pensamientos automáticos negativos y logras mirarlos desde la distancia, entrenas a tu cerebro para verlos como algo que va cambiando de un momento a otro y no como verdades a las que se debe necesariamente reaccionar.

Problemas comunes al trabajar con pensamientos negativos

Cuando comienzas a trabajar con tus pensamientos negativos de esta manera, puede que no sientas resultados inmediatos. Los pensamientos siguen apareciendo y es difícil guardarles distancia.

Al principio, puede ser difícil seguir siendo objetivo y encontrar respuestas que realmente cambien tus sentimientos. Esto es perfectamente normal. Quizá hay otro pensamiento automático en el fondo, diciendo "debo tener éxito con esto, si no, es una prueba de que no soy suficientemente inteligente".

Sentimientos negativos muy fuertes

Hacer frente a pensamientos negativos es más difícil si uno se encuentra ante una situación estresante o sentimientos negativos muy fuertes. En estos casos, puedes intentar anotar lo que estás pensando, distrayéndote con el ejercicio de escribir.

Cuando te sientas más relajado, puedes empezar a pensar en tus pensamientos de nuevo (quizás tus notas escritas te sirvan). Tendrás un mejor punto de partida.

No será perfecto

Como probablemente entiendas, no se trata de producir obras maestras. No tienes que encontrar los pensamientos "correctos" o la respuesta "correcta". Una buena respuesta es simplemente una respuesta que trabaja para ti, es decir, algo que reduce tus sentimientos negativos, o que te hace sentir que "el pensamiento es sólo un pensamiento" algo que puedes llevar contigo en una mochila.

Pensamientos negativos que surgen sobre tu trabajo con los pensamientos negativos

Es fácil comenzar a criticarse cuando miras bajo lupa tus pensamientos. "Debe de haber algo mal conmigo, puesto que estoy pensando de esta manera" es en sí mismo un pensamiento automático negativo, que puede ser interesante mirar de cerca. Todo el mundo tiene pensamientos negativos, especialmente cuando por una cierta razón no nos sentimos bien.

Los pensamientos positivos no son la meta

Uno podría pensar que el objetivo sería tener pensamientos positivos en lugar de negativos. Pero, en gran parte, los pensamientos son automáticos, no podemos simplemente substituirlos. Los pensamientos vienen y van, tanto los positivos como los negativos. Lo que tienen en común es que son sólo pensamientos, no verdades o reglas. Cuestionarlos racionalmente es una manera de demostrar que así es.

Este ejercicio consiste en 4 pasos y necesitas una hoja para escribir.

Paso 1 - Describe la situación y el sentimiento

Describe la situación que provocó el pensamiento.

Escribe también el sentimiento principal que te dejó la situación y trata de estimar la fuerza del sentimiento, en una escala dónde 1 es poco fuerte y 10 extremadamente fuerte.

Para describir la situación puedes hacerte las siguientes preguntas ¿qué pasó? ¿cómo pasó?, ¿dónde y con quién se desarrolló la situación?

Describe la situación de forma breve, con un par de palabras.

Un sentimiento se describe normalmente con una palabra, por ejemplo, triste, enfadado, inquietud, miedo.

Paso 2 - ¿Qué pensaste en la situación?

¿Qué pensamiento tuviste en la situación?, ¿qué palabras o imágenes negativas aparecieron?

Intenta encontrar lo central en el pensamiento, lo que provoca el sentimiento de malestar. Puede ser útil hacerse preguntas como, por ejemplo:

- ¿Qué es lo peor que podría pasar en esta situación?
- Si pasara lo peor, ¿qué consecuencias tendría?
- ¿Y qué significaría?
- ¿Qué pasaría si yo...? (por ejemplo, no lo hago bien/ no soy exitoso/ no soy querido)

¿Qué credibilidad tiene el pensamiento? Hacer una estimación con una escala entre 0 y 100 dónde 100 significa que pensaste que el pensamiento es totalmente creíble y 0 que pensaste que no era verdad.

Paso 3 - Enfrentar y cuestionar el pensamiento

El próximo paso es pensar si el pensamiento es parte de una trampa (pensamiento tramposo) y si hay otro pensamiento que quizás podría ser más adecuado. Trata de formular uno o más pensamientos alternativos contestando y pensando en las preguntas abajo.

- ¿Qué evidencias hay?
- ¿Los pensamientos están de acuerdo con toda la evidencia o hay

algún hecho que indica lo contrario?

- ¿Hay una manera alternativa de ver el pensamiento?
- ¿Cómo miraría este pensamiento tu mejor amigo?, ¿tu peor enemigo?, ¿un niño?, ¿alguien que es viejo y sabio? Trata de ver la situación desde diferentes puntos de vista y piensa si hay algo de verdad en estas interpretaciones.
- ¿Cómo te afecta el pensamiento?
- ¿El pensamiento es tu amigo?, ¿te ayuda a conseguir lo que para ti es importante?
- ¿Exageras los riesgos o los significados de una situación?
- Tus pensamientos se ajustan a la realidad o exageras los riesgos y los significados de una situación.
- ¿Es verdad el pensamiento?
- ¿Son verdaderos el pensamiento y el sentimiento?, ¿Se basa en una experiencia real que siempre es válida o es un pensamiento tramposo?

Es importante entender que a veces tu valoración de una situación es verdadera, y no funciona pensar que el problema no existe. En estos casos no es el sentimiento que hay que cambiar, sino la solución puede ser intentar de resolver el problema o simplemente aceptar la situación.

Paso 4 - Valora el primer pensamiento de nuevo

¿Qué credibilidad tiene el pensamiento automático inicial ahora?
¿Qué fuerza tiene el sentimiento que despertó el pensamiento ahora?

Si la credibilidad del pensamiento es más bajo después de reformular al pensamiento has logrado encontrar una alternativa creíble a tu pensamiento. Aunque el pensamiento todavía puede ser difícil y volver con una cierta regularidad has encontrado una forma de distanciarte y entender que el pensamiento no es una verdad absoluta.

Trabajar con pensamientos en tu día a día

Trabajar con pensamientos de esta forma es difícil y requiere mucha práctica. Cuando has trabajado con el ejercicio algunas veces y sientes que lo tienes más o menos controlado, te recomendamos que sigas trabajando con los pensamientos en tu día a día.

13 COMPORTAMIENTOS FAVORITOS

¿Quizás perteneces a los que hablan demasiado, o a los que hablan muy poco? ¿Quizás a veces no dices lo que sientes o, al contrario, te empeñas para que le quede muy claro a los demás lo que piensas? Puede ser que te enfades fácilmente cuando la comunicación no funciona como debería, o quizás sólo tomas un paso hacia atrás y te adaptas a la situación.

Podemos llamar "comportamientos favoritos" a las formas de reaccionar más ensayadas cuando las cosas se complican.

Todos los tenemos, aunque pueden ser muy distintos. Hemos aprendido que nos protegen e impiden que seamos y nos sintamos demasiado vulnerables.

El problema es que muchas veces usamos estos comportamientos también en situaciones en que no hace falta, incluso cuando puede ser algo negativo para nosotros.

Ser positivo y asumir responsabilidad puede ser una cualidad ventajosa, pero si lo haces siempre, puede llevarte a un círculo vicioso donde ya no sabes decir no y te pierdes tratando de adaptarte.

Callarse en un conflicto a veces puede ser la mejor opción, pero si siempre te callas en todos los conflictos o peleas, por ejemplo, con tu pareja, al final perdéis el contacto.

Ser perfecto/a

Para empezar, imagínate una situación en la que no te has gustado a ti mismo. Puede ser una situación cualquiera en la cual sentiste que por varias razones no hiciste lo que hacía falta o no eras suficientemente bueno. Quizá puedes encontrar uno o varios sentimientos antiguos, provenientes tu infancia. Cierra los ojos e intenta recordar.

Supongo que encontraste un recuerdo, la gran mayoría lo hace bien. Quizás incluso te acordaste de varias razones, de ahora y de antes (la verdad es que la mayoría lo hace).

Has tenido estos sentimientos desde que recuerdas. Ahora quiero que trates de ver esta situación como una amenaza, algo que te hizo sentir incómodo. Cierra los ojos de nuevo e intenta provocar el sentimiento de malestar, de no ser lo suficientemente bueno.

Yo diría que esto es algo que siempre has llevado dentro de ti cómo una amenaza (te acuerdas a pesar de que quizás fue hace mucho tiempo). Me gustaría ponerle palabras a la amenaza:

No eres perfecto, no tienes lo que hace falta, hay cosas de ti que no te gustan...

La siguiente pregunta es entonces: ¿Cómo manejas eso? ¿Cómo manejas el sentimiento de no ser lo suficientemente bueno, de no ser perfecto? ¿Cuáles son tus estrategias?

Los comportamientos favoritos

Por lo tanto, si eres como la mayoría de las personas, te sentirás insuficiente, sobre todo en conflictos, en la competencia, cuando te cuestionan, cuando te critican, etc. Entonces, ¿cómo lo manejas? A primera vista hay dos maneras:

- Llegar a ser perfecto, y
- Fingir ser perfecto

Tengo que admitir que durante mucho tiempo intenté con la primera alternativa, pero me rendí a eso de los doce años y cambié a la estrategia número dos. Suponemos que tú has hecho más o menos lo mismo (aunque quizá no has abandonado la primera estrategia por completo…)

Fingir ser perfecto significa que (a pesar de saber que engañas a todo el mundo) haces dos cosas:

1) Si es posible te creas una historia para ti mismo que te hace parecer suficientemente bueno o perfecto, por lo menos a primera vista. Hay muchas maneras. Ganar mucho dinero, tener un título bonito, tener una biblioteca llena, la corbata o la camisa perfecta, las cortinas bien planchadas, etc.

2) Aprendes una manera de ser que te hace sentir bien y que más o menos funciona. Desarrollas "comportamientos favoritos" que suelen funcionar en situaciones complicadas.

Ejemplos de algunos comportamientos favoritos típicos:

- Ser servicial
- Siempre tener la razón
- Siempre ceder

- Ser humilde
- Ser fuerte
- Ser el que resuelve los problemas
- Ser grande
- Ser pequeño
- Ser indulgente, aceptar
- Enfadarse
- Ser entretenido
- Entender
- Ser parlanchín o callado

De qué tienes miedo

Como seguramente ya has entendido, hay una razón de por qué se toma esto con tanta seriedad, y es que la vida se construye alrededor de estos "comportamientos".

Todos hemos estado en situaciones en las cuales no nos sentimos suficientes, y sobre todo en la infancia se ha establecido un miedo fuerte a no encajar. Si te preguntas qué pasaría si no fueses perfecto, si no fueras suficientemente bueno, quizás respondas que "nada".

Es probable que cuando el sentimiento se formó hubieses respondido otra cosa y que la respuesta habría sido algo como "miedo a ser abandonado o quedarme solo".

Si reflexionamos acerca de esto y realmente entramos a los sentimientos que se esconden tras nuestras adaptaciones al mundo, la mayoría contestaría algo como: Que es una defensa contra la sobrecogedora sensación de soledad que tememos que aparecerá si mostramos quienes somos, o sea si somos "nosotros mismos".

¿Existen alternativas?

Al final vamos a mirar este problema desde una perspectiva lógica. Pregúntate qué alternativas tienes realmente y cuál podría ser el resultado.

Podemos ver que hay dos alternativas de cómo ser:
1. Puedes ser abierto y mostrar quién eres, con debilidades, fortalezas y miedos.
2. Puedes ser cerrado y tratar de mostrarte lo más perfecto posible.

Indiferentemente de las alternativas, el resultado puede ser uno de dos:
1. Puedes ser abandonado y quedar solo (es decir, no ser querido por

quién eres).
2. Puedes ser aceptado (es decir, ser querido por quién eres).

Cuando juntas esto te da unos de estos resultados:

Ser cerrado y ser abandonado: no ser querido

No has mostrado quién eres y aun así eres abandonado. Puede ser que la cara que muestras no le gusta a la otra persona que no te conoce realmente. No sabes si te abandonarían si muestras tu verdadero yo, no has tomado ese riesgo.

Ser cerrado y no ser abandonado: ser querido

Eres cerrado y no muestras quién eres. Aunque no te abandonan, no te sientes querido y aceptado por quién eres, porque has elegido no mostrarlo. Es una relación que puede durar mucho tiempo antes de que se descubra que realmente no se conocen.

Ser abierto y ser abandonado: no ser querido

Eres abierto y muestras quién eres. Te abandonan y sientes que no eres querido y aceptado por quién eres. El consuelo es que resulta más claro que la relación no era la correcta y probablemente tampoco lo sería con el tiempo.

Ser abierto y no ser abandonado: ser querido

Eres abierto y muestras quién eres de una forma balanceada. No te abandonan y puedes sentir que eres querido y aceptado por quien realmente eres.

¿Abierto con todos, todo el tiempo?

Es fácil pensar que el ejercicio es una recomendación para ser abierto con todos en todos los casos. Obviamente no es así.

¡Equilibrio y variación son las palabras claves!

Quizá podrías mostrar un poco más de ti, mostrar más lados de tu persona. Por ejemplo, más vulnerabilidad si siempre eres fuerte, o más fuerza si siempre te muestras débil.
Si hay algo que te podemos recomendar, es variar los comportamientos como una forma de entrenarse y tener un espectro más amplio de actuación; sólo así llegarás a ser una persona flexible y más completa.

14 COMUNICACIÓN ASERTIVA

Decir que "no" es una de las cosas más difíciles que existen. La causa por la cual nos resulta tan difícil decir que no y mantener nuestra propia posición, es porque la habilidad de adaptarnos ha cumplido una función; hemos aprendido que nos da beneficios.

Los niños son muy inteligentes y aprenden rápido lo que hay que hacer para ser apreciados, queridos y también lo que hace falta para no arriesgarse a tener problemas.

Tratar de complacer es quizás la manera más común de manejar el mundo a nuestro alrededor. Y muchas veces es un conocimiento tan bien aprendido que nos acompaña en la vida adulta sin que lo cuestionemos.

Los mensajes desde el yo, la escucha activa y la mantención de la propia postura: el tema de este capítulo es la comunicación.

Hablaremos de cómo escuchar y de cómo expresar tu voluntad de una manera constructiva, sin terminar atacando o defendiéndote.

Manejar conflictos

Un problema común de la comunicación (y sobre todo en conflictos) es que muchas veces termina en guerra. Tratamos de vencer al otro argumentando por nuestra causa, de una manera que hace que el otro no se pueda defender. Intentamos atacar los puntos débiles y cuando nos atacan, nos defendemos.

Normalmente ni siquiera tenemos tiempo de escuchar lo que dice el otro porque estamos concentrados en pensar en los argumentos que vamos a dar para mostrar que tenemos la razón.

Si tienes una relación que estimas y quieres cuidar, entonces debes hacerte la pregunta:

¿Quiero una guerra?

¿Quiero ganar?

¿Realmente quiero que el otro pierda?

Si estás en una relación de pareja, la siguiente reflexión puede ayudar a cambiar tu pensamiento: si tú siempre ganas los conflictos significa que el otro siempre pierde, y ¿realmente quieres estar con un perdedor?

Si lo que realmente quieres es tranquilidad y cuidar de la relación, hay buenas posibilidades. Se trata de comunicar por la paz. Dos de los mejores métodos para crear paz y armonía sin perdedores es la escucha activa y el mensaje desde el yo. Son dos métodos que se pueden usar en todas las relaciones, sean de pareja, con los niños, con los amigos y/o compañeros de trabajo.

La escucha activa

Para comunicar de una buena forma necesitas, para empezar, saber qué quiere expresar el otro y para poder saber eso necesitas escuchar. Y escuchar con atención.

Escuchar activamente significa nunca "suponer" saber de qué se trata o qué piensa o siente el otro. También implica estar dispuesto a escuchar sin defenderse o explicarse, a pesar de que el otro pueda decir cosas que son muy duras de oír.

Cómo practicar la escucha activa:

1. Estar cara a cara con la persona, usar un lenguaje corporal abierto.
2. Animar a la otra persona a hablar y expresarlo usando gestos como asentir con la cabeza, o pequeños gestos de ánimo mostrándole que estás escuchando (en psicología esto suele llamarse escucha empática).
3. Hacer preguntas si tienes alguna duda y usar preguntas que no se puedan contestar con un sí o un no. "Cuéntame más" es un buen ejemplo de una expresión útil para que la otra persona se pueda explicar mejor.
4. Controlar que has entendido bien a la otra persona. Trata de reflejar al otro. Eso significa que repites lo que el otro te ha dicho, pero con tus propias palabras. Eso hace que el otro se sienta escuchado. "Quieres decir que..." o "Lo que tú sientes es...".
5. Estar callado. Dejar hablar al otro sin interrumpir o sin hacerle muchas preguntas también puede ser una forma respetuosa de mostrar que quieres escuchar lo que dice.

Cuando has llegado hasta aquí y además tienes algo que decir que quieres que el otro entienda, es hora de continuar a la sección "Mensajes desde el yo".

Los mensajes en primera persona

Si has decidido no hacer guerra, no necesitas atacar ni defenderte. Puedes estar enfadado o triste sin tener que atacar a nadie para vengarte.

Sin embargo, no hacer guerra no significa ignorar un conflicto y pretender que no ha pasado nada. Necesitas decir lo que piensas y sientes de una manera que no genere conflicto. Esta manera la llamamos "mensajes desde el Yo".

Un mensaje desde el yo significa que entiendes al otro, y partes del hecho que lo que piensas y lo que sientes es un problema para ti, sin atacar y sin defenderte.

Para practicar el mensaje desde el yo tienes que seguir algunos pasos:

1. Describe tus sentimientos y pensamientos acerca de lo que es un problema para ti.

   Ejemplo no conflictivo: "Yo siento que tenemos dificultades para hablar entre nosotros y para mí es duro." Ejemplo conflictivo: "¡Es imposible hablar contigo!"

2. Intenta decir algo positivo sobre el otro.

3. Es de gran ayuda saber que no son enemigos, a pesar de que pareciera que estás criticando al otro con lo que dices.

   Ejemplo no conflictivo: "Tienes muchos buenos argumentos y casi siempre solucionamos nuestros conflictos." Ejemplo conflictivo: "Siempre crees que sabes más que yo."

4. Describe el problema desde TU punto de vista, lo más concreto posible.

   Ejemplo no conflictivo: "Para mí es un problema que salgas de la habitación cuando estamos discutiendo. Tengo miedo a que no me tomes en serio y me siento enfadada y triste. Después es difícil para mí controlarme y no decir cosas muy hirientes." Ejemplo conflictivo: "No te importa nunca lo que pienso yo, vete a la mierda."

5. Pide un consejo o sugiere una solución.

> *Ejemplo no conflictivo: "¿Tienes alguna sugerencia de cómo podríamos hacer funcionar esto mejor?" o "me gustaría que pudiéramos sentarnos a hablar sobre cómo hacer esto en una manera que nos siente bien a los dos." Ejemplo conflictivo: "¡Basta! Ahora te quedas aquí hasta que haya terminado de hablar."*

En algún momento a estas alturas, ya es hora de empezar a escuchar de nuevo, es decir empezar a practicar la escucha activa. Cuando has escuchado puede que necesites explicarte de nuevo y dar un nuevo mensaje en primera persona, desde el yo.

Una buena comunicación significa ir fluctuando entre la escucha activa y el mensaje desde el yo muchas veces en una conversación.

Obviamente esto es muy difícil y requiere bastante práctica. Pero cuando aprendes a expresarte de esta forma y con esta técnica, puedes dar un cambio drástico a tus relaciones con los demás.

La autoafirmación

Decir que "no" es una de las cosas más difíciles que existen. La razón por qué se nos hace tan difícil decir que no y mantener nuestra propia posición, es porque la habilidad de adaptarnos ha cumplido una función; hemos aprendido que nos da beneficios. Los niños son muy inteligentes, aprenden rápido lo que hay que hacer para ser apreciado y querido, como también lo que hace falta para no arriesgarse a tener problemas.

Tratar de complacer a los demás es quizás la manera más común de manejar el mundo a nuestro alrededor. Y muchas veces es un conocimiento tan bien aprendido que nos acompaña en la vida adulta, sin que lo cuestionemos.

El piloto automático dirige

Suena como algo fácil - decir que no y mantener nuestra propia posición más a menudo - como si siempre tuviéramos claro qué cosas queremos realmente. Obviamente aceptar o negarse es algo muy complejo; hagas lo que hagas, te afecta a ti y a otros y no es siempre tan fácil saber qué es lo mejor en cada situación. Por eso, muchas veces dejamos que el piloto automático decida y terminamos haciendo lo que se siente mejor en el momento.

Nuestro piloto automático está conectado a nuestros sentimientos y está configurado para maximizar ventajas y minimizar desventajas. Cuando algo va bien, nos sentimos bien y relacionamos la situación con lo que hicimos. La próxima vez nos será más fácil hacer lo mismo, ya que se siente como "correcto".

Esto parece ser una ayuda perfecta para guiarse a través de la vida. Pero hay una desventaja: el piloto automático está configurado para detectar las ventajas y desventajas en el corto plazo.

Cuando queremos hacer algo porque sabemos que es bueno para nosotros más a largo plazo, tenemos que desconectar el piloto automático, o tenemos que engañarlo dándole pequeñas ventajas en el camino para compensar las posibles desventajas.

Pensar un poco más en profundidad sobre las ventajas y desventajas de decir que sí o decir que no, puede ayudarnos a descubrir cómo funciona el piloto automático y saber si lo queremos desconectar o no.

Ventajas y desventajas en el corto y largo plazo

En el corto plazo, no cabe duda de que las ventajas de un sí y las desventajas de un no, son dominantes. El "premio" cuando dices que sí y echas una mano, son los sentimientos positivos hacia ti mismo y la gratitud de parte de otros; cuando dices que "no", te castigan los sentimientos negativos.

Este sistema es algo que ha generado grandes beneficios para nuestros antepasados. Los fuertes sentimientos de "sacrificarse" por el grupo eran importantes cuando el grupo era pequeño y vulnerable, y las personas con estos rasgos ayudaron al grupo a sobrevivir. Hoy en día es menos obvio y sobre todo mucho más complicado.

Entonces cabe preguntarse si los sentimientos que nos hacen reaccionar a corto plazo realmente son tan correctos como creemos.

- ¿Realmente les gustamos menos a las personas si les decimos que no?
- ¿Qué piensas tú sobre las personas que siempre dicen que sí a todo y después no logran cumplir o terminar una tarea en el plazo acordado?
- ¿Cómo reaccionas tú cuando alguien de forma directa dice que no a algo que le pides?
- ¿Si alguien se enfadara porque le dices que no, qué significaría para ti?
- ¿Quién se beneficia si dices que sí?

Al fin y al cabo, ¡debes comparar los beneficios de un sí, con las consecuencias de sentir más estrés y ansiedad! No siempre se trata de decir que no; la meta es poder elegir y actuar de una manera que se ajuste a lo que tú quieres, a tus propios objetivos.

15 MINDFULNESS

El entrenamiento en atención plena o mindfulness requiere practicar la atención enfocada y aprender de estar en el momento presente.

Estos ejercicios te ayudan a practicar estar consciente de tus pensamientos, tus sentimientos, y sensaciones en tu cuerpo, sin juzgarlos o responder a ellos. Tienes que practicar también estar completamente presente en las actividades diarias – ¡lo que también te permite disfrutar más de ellas!

Si eres capaz de estar completamente presente en el ahora, es más fácil relajarse y romper con las maneras automáticas y negativas de pensar, y es más difícil caer en las sensaciones desagradables.

El ejercicio 1 – el ejercicio de la pasa

Toma una pasa. Ahora, detente un momento e imagina que nunca en tu vida has visto algo así. Imagínate que acabas de aterrizar en una nave espacial, llegando desde el planeta distante de Alpha 32, y es la primera vez que te has encontrado con un objeto, así como esta pasa que tienes en la mano.

Instrucciones:
- Coge el "objeto" y aguántalo en la palma de la mano o entre el pulgar y el índice.
- Concéntrate en examinarlo.
- Míralo cuidadosamente. Ten en mente que nunca has visto nada como esto, y que realmente te extraña lo que es.
- Ruédalo entre tus dedos.
- Explora la superficie, sintiéndolo con las puntas de los dedos.

- Estudia la luz cambiante en la superficie del objeto – vigila donde está reflejada la luz……y los hoyuelos y arrugas.
- Deja que tus ojos exploren cada parte del objeto.
- Si tienes que afrontar pensamientos como 'que sensación más rara' o 'qué sentido tiene esto', o 'no me gusta' – solo nota los pensamientos, obsérvalos para saber qué son – y devuelve tu atención al objeto.
- Ahora trae el objeto cerca de tu nariz, y nota si puedes oler algo. Cada vez que inspiras, intenta determinar si hay olores viniendo del objeto.
- Luego da otro vistazo al objeto.
- Ahora, lentamente trae el objeto a tu boca, notando cómo tu mano y el brazo saben exactamente dónde coger el objeto.
- Cuidadosamente pon el objeto en tu boca. Nota cómo es, sin masticar, solo explora la sensación de tenerlo en tu boca.
- Cuando estés listo, muérdelo y nota que sabores se están emitiendo
- Mastica lentamente… nota cómo estás salivando…y cómo cambia la consistencia del objeto.
- Intenta identificar el impulso para tragarlo, ANTES de que tragues el objeto.
- Finalmente, nota si puedes seguir el objeto mientras lo tragas – la sensación cuando se mueve abajo a través de la garganta, hasta tu estómago – e intenta notar la sensación de tu cuerpo cuando se ha llenado de una sola pasa.

El ejercicio 2 – Comer con atención plena

Practicar esto en las situaciones relacionadas a la comida da un efecto triple:
- Practicas la concentración
- Consigues una mejor experiencia en saborear
- El tiempo extra que esto requiere significa que será más fácil para ti sentir cuando estás lleno y no comer más que lo necesario.

Como hacerlo:

Cada vez que comes algo, intenta parar un rato a concentrarte sólo en la experiencia de comer. Come despacio y enfoca en comer, no hables, ni leas – da a los alimentos y la comida toda tu atención.

Intenta mantenerte activo y concentrado durante toda la comida. Nota cómo realmente es la comida, cómo huele y qué sabor tiene.

Antes de que empieces a comer – estudia los alimentos en tu plato por un momento. Absorbe todos los olores y nota todos los colores preciosos de los ingredientes diferentes.

Escoge un trozo de la comida para empezar – nota cómo es la sensación cuando cortas la carne o la verdura. Nota cómo el cuchillo encuentra una resistencia al cortar, y cómo las superficies recién cortadas cambian los colores y el brillo cuando reflectan la luz.

Lentamente pon cada trozo de los alimentos en tu boca y nota cómo es cada ingrediente en la boca – la frescura crujiente y fría de la lechuga, la textura caliente, jugosa y ligeramente fibrosa de la carne – la suavidad caliente y aceitosa de la salsa.

Mastica tu comida lentamente y nota todos los sabores – siente cómo cambia la consistencia de la comida en tu boca y cómo se emiten los sabores. Intenta a distinguir la mayor cantidad de sabores que puedas.

Nota la sensación de la comida bajando por tu garganta y hacia el estómago. Imagina cómo cada trozo de la comida llena el estómago y brinda a tu cuerpo los nutrientes importantes. Esté atento a la sensación de estar lleno que incrementa con cada trozo.

Concéntrate completamente en comer. Si te encuentras a ti mismo haciendo dos cosas a la vez (por ejemplo, levantando un trozo de la comida hacia tu boca y extendiendo un brazo para tomar la jarra de agua) – ¡para!, y concéntrate en una cosa en el momento, dándole tu entera atención.

Si te distraes con pensamientos – sólo nota los pensamientos, sin juzgarlos o sin engancharte a ellos. Nota los pensamientos y luego deja que se vayan, volviendo tu entera atención a la comida y los alimentos otra vez. Necesitarás hacer eso una y otra vez – ¡sé testarudo!

Una vez que has terminado de comer – piensa si te sientes más calmado y satisfecho que normalmente.

Ejercicio 3 – Frenarte a ti mismo

Abajo, encontrarás un ejemplo de cómo puedes parar un impulso habitual – por ejemplo, comer algo dulce, cuando en realidad te gustaría reducir tu consumo de dulces. Este principio también se puede utilizar en otras situaciones cuando quieres o necesitas aguantarte de hacer algo.

Siempre cuando sientas la sensación de ansia o el impulso de hacer algo que realmente no quieres hacer, intenta a manejar la situación de la manera siguiente.

Cómo hacerlo:

Inspira profundamente, relájate y descansa un rato en el momento. Observa silenciosamente este momento, sin que intentes cambiarlo de alguna manera.

Dirige tu atención hacia la sensación en tu cuerpo. Solamente observa cómo es tener ansia o el impulso para coger aquel dulce, o cualquier cosa que tu impulso te incite. Deja que la sensación esté allí – y siéntete libre a expresarlo en palabras: 'ahora mismo me estoy muriendo absolutamente por………'

Observa las sensaciones y tus pensamientos sin analizar o juzgarlos. Acepta las cosas de la manera que son – deja que las sensaciones y los pensamientos simplemente estén allí, sin seguirlos o reaccionar a ellos.

Nota si también vives otra sensación particular en esta situación – ¿puedes decir si estás preocupado, estresado, molesto o triste? Si lo estás, solamente deja que la sensación esté allí, observándola como descrito arriba.

Imagina que estas sensaciones y tu ansia para coger el dulce son cosas que tú puedes tener en tu mano. Míralos y déjalos allí por un rato. Luego deja que se vayan – imagina abrir tu mano y sóplalos fuera como las semillas de una flor.

Después mueve tu atención de vuelta hacia lo que estabas haciendo – continúa con tu día.

Ejercicio 4 – Manejar las sensaciones fuertes

Todos nosotros vivimos momentos cuando es muy difícil controlar nuestra sensación. Podemos tener la sensación de volvernos locos, como si fuéramos inundados de enfado, pena, decepción, frustración, miedo, vergüenza u otras sensaciones fuertes, y no podemos ver el fin de esto.

En estas situaciones, las sensaciones son a menudo tan fuertes que intentamos alejarnos de ellas de diferentes maneras; por ejemplo, haciendo algo para distraernos, comiendo algo, o evocando otra sensación, más aceptable de alguna manera u otra.

Encima, a lo mejor no tenemos el tiempo de notar conscientemente la sensación original, antes que inconscientemente la cambiemos por otra con la que podemos conformarnos más fácilmente. Si no podemos soportar la ansiedad o el miedo, podemos vivirlo como hambre o como enfado.

Algunos de nosotros pueden tener dificultades de manejar las sensaciones positivas, como la alegría, la felicidad y el orgullo. En este caso, a estas sensaciones les puede pasar lo mismo – para escapar de 'la molestia de la sensación positiva', las cambiamos por otra sensación – por ejemplo, la culpa o vergüenza o ansiedad.

Generalmente, cuando lleguemos a 'el entrenamiento para manejar las sensaciones difíciles', recomendamos que trabajes en cuatro pasos:

Paso 1: Identifica la sensación

¿Qué sientes? Es una sensación relacionada a esta situación, o es esto una manera de manejar otra sensación. Dale el nombre a la sensación. ¿Es el enfado, la alegría, la pena, la decepción, la ansiedad, el miedo, la vergüenza o la culpa?

Paso 2: Aguanta la sensación – confórmate con ella

Permítete tener esta sensación. Familiarízate con lo que está pasando en tu cuerpo, qué pensamientos vienen con la sensación, y que impulsos. No juzgues la sensación como buena o mala – solo vívela. Esto se puede aplicar a todas las sensaciones, si están justificadas o no.

Paso 3: Cambia lo que necesita cambiar

Si la sensación no está justificada, puedes quedarte en el paso 2 y luego moverte directamente al paso 4. Si la sensación está justificada, puede ser que necesites hacer algo para cambiar la situación, como, por ejemplo:

- La vergüenza después de hacer algo mal – discúlpate y haz lo que puedas para reparar los daños.
- El enfado después de estar ofendido o equivocarte – ve atrás, tranquilízate y expresa que es lo que consideras importante. Utiliza los mensajes "desde el yo" para comunicarlo.
- La pena y la tristeza – busca el consuelo o consuélate a ti mismo un rato. Luego actívate otra vez.
- La ansiedad y el miedo – si son justificados, acciona para cambiar la situación si es posible. Por ejemplo, esta acción puede ser huir, decirlo en voz alta, decir no, o hacer otra cosa.
- La alegría y la felicidad – engánchate a esta sensación tanto como puedas, permitiéndote vivirla más que preocuparte por si va a terminar.

Paso 4: Deja la sensación – enfócate en otra cosa

Una vez que has identificado la sensación, la has vivido, y has hecho todo lo que hace falta hacer (en el paso 3) – deja la sensación y enfócate en otra cosa. Practicar el dejar que se vaya la sensación después de un rato, es necesario para poder continuar y seguir adelante, y es la parte más importante de la gestión emocional.

Aprender a manejar las sensaciones difíciles de la manera que funcione implica practicar lo arriba mencionado una y otra vez– varias veces en la misma situación.

Ejercicio 5 – Actividad atención y conciencia plena

Estar presente completamente en una actividad es una manera excelente de deshacer el estrés y hacer una cosa a la vez. La atención plena puede cambiar la actividad más aburrida en un verdadero placer – y generalmente, te hará más eficaz. Abajo, encontrarás algunos ejemplos.

Fregar platos a mano
La próxima vez que lavas los platos – intenta hacerlo realmente despacio y con cuidado, notando una cosa – cada segundo.

Enfócate como es el agua, y como diferente es aguantar el vaso y el plato
Nota como puedes sentir los cambios pequeñitos del movimiento de la gamuza o esponja cuando da el golpe a un trozo de comida que se pegó al plato

Mira como la luz está reflejada en el agua corriente, y como flota la espuma
Siente la diferencia de la temperatura entre el aire y el agua

Si pensamientos de otras cosas te distraen – solamente nota estos pensamientos, sin juzgarlos o engancharte a ellos. Obsérvalos solamente, luego los dejas ir y vuelve tu atención a lavar.

¡¡Recuerda esto!! Come cuando comas. Anda cuando andes. Trabaja cuando trabajes. Habla y escucha a la persona con la que estás teniendo la conversación. Piensa cuando pienses, y preocúpate cuando te preocupas – ¡no cuando se supone que tienes que comer, trabajar o dormir!

Ejemplos de otras situaciones donde puedes practicar la atención plena:
- Cuando estás cocinando
- Cuando estás escuchando música
- Cuando estás limpiando la habitación.
- Cuando estás disfrutando de tu afición favorito

Ejercicio 6 – Caminando con atención plena

Caminar es una gran oportunidad para practicar que la mente esté implicada en el presente

Cómo hacerlo:
Cuando sales a la calle – inspira profundamente, expira y relájate. Camina a ritmo despacio. Enfoca tu atención en tu respiración cuando estás caminando. Toma las inspiraciones calmadas, constantes, respirando con los abdominales

Después mueve tu atención a tu alrededor – mira cuidadosamente al mundo alrededor tuyo. Concéntrate en vivir lo que te rodea. Nota que estás viviendo con tus sentidos – la vista, el oído, el olfato, y el tacto.

Intenta ver todas las cosas alrededor tuyo – los árboles, las casas, la gente – como si los estuvieras viendo por primera vez. Obsérvalos curiosamente sin interpretar, ni juzgar.

Ten cuidado con los pensamientos que quieren juzgar o interpretar lo que estás viendo. Solamente observa estos pensamientos y deja que se vayan. Deja que los pensamientos vengan y que se vayan sin que te enganches a ellos.

Detente ocasionalmente a escuchar los sonidos alrededor tuyo – los sonidos de la gente, los coches, el viento, la naturaleza.

Si tienes pensamientos de otras cosas, deja solamente estos pensamientos venir e irse sin que te enganches. Obsérvalos como las nubes que están pasando por el cielo claro. Luego vuelve tu atención a tu alrededor y a tu respiración.

16 EL CAMINO A SEGUIR

Hemos llegado al último capítulo del libro. A partir de ahora deberás mirar el camino que tienes por delante, lo que debes hacer para prevenir recaídas. Como soporte para esto, planearás cómo manejar las situaciones críticas y cómo hacer para seguir adelante después de una posible recaída.

Ahora se trata de seguir adelante por cuenta propia. Te recomendamos que vuelvas de vez en cuando al libro para actualizarte o trabajar con la parte que sientas que te ha sido más útil.

Para minimizar el riesgo de recaídas te recomendamos que trates de seguir estos principios fundamentales:

Exponerte a situaciones de ansiedad y quedarte allí.

El entrenamiento en estrategias de afrontamiento consiste en exponerse con regularidad a situaciones que provocan ansiedad. Hay que estar atento a las tendencias a evitar estas situaciones y trabajar constantemente para tener un comportamiento variado.

Recuerda: tienes que quedarte en la situación hasta que la ansiedad comience a desaparecer. Lo más importante, obviamente, es entrenar situaciones que lleguen a lo que uno considera importante y de mucho valor.

Trabajar con las sensaciones físicas

Si sufres de ataques de ansiedad, una de las herramientas más importantes para cambiar el piloto automático es acostumbrarse a las sensaciones físicas.

Seguir con los ejercicios de aguantar la respiración, hiperventilar, abrigarte demasiado, subir corriendo una escalera, subirte a un tío vivo, hacer como un niño y jugar con las sensaciones de ansiedad, es una manera muy buena de practicar estar tranquilo.

Dirigir la atención hacia el exterior y estar plenamente presente

En todo tipo de ansiedad, y sobre todo en la fobia social, dirigir la atención hacia el interior es una parte del problema; se recomienda tratar de enfocarse y concentrarse en el entorno, en lo que hace y dice la gente, escuchar con atención y ser curioso con lo que pasa afuera de uno.

Estar presente y concentrado en lo que está pasando en vez de lo que podría pasar, es una buena forma de ejercitar la tranquilidad interna.

Se puede decir que te estarás exponiendo y entrenando para "no estar preparado".

Soltar los comportamientos de seguridad

¡No hagas trampa! Si tratas de engañarte a ti mismo y a tu propia ansiedad manteniendo siempre salidas de emergencia ante situaciones difíciles, sólo ayudarás a mantenerla. Apaga el móvil de vez en cuando, deja la botella de agua en casa y no busques el baño en cada lugar nuevo que visites.

Cada vez que tienes una conducta de seguridad le estarás diciendo al piloto automático que es una situación peligrosa y necesitas protección.

Manejar sentimientos difíciles

Todos vivimos momentos en los cuales tenemos problemas para controlar nuestros sentimientos. Podemos sentir como si estuviésemos volviéndonos locos, que nos inundamos de ira, pena, decepción, frustración, miedo, vergüenza u otros sentimientos difíciles y no sabemos cuándo se acabarán.

Muchas veces los sentimientos son tan fuertes que tratamos de evitarlos a través de ciertos comportamientos que nos distraigan o que nos provoquen otro sentimiento más aceptable. Este proceso puede ser tan rápido que no nos damos cuenta de lo que está pasando. Un ejemplo muy común, es que nos enfademos cuando en realidad tenemos miedo.

Incluso puede pasar que los sentimientos positivos como la felicidad y el orgullo inconscientemente son tan incómodos que el sentimiento que en su lugar aparece vergüenza, inquietud o culpa.

Una parte importante del trabajo que hay por delante, es estar muy atentos al primer sentimiento fundamental y quedarse con él un momento. También es importante para poder trabajar con las estrategias de afrontamiento. Tenemos los sentimientos que tenemos y si los descubrimos y nos permitimos sentirlos, serán más fáciles de soportar.

En general cuando se trata de manejar sentimientos difíciles recomendamos que trabajes en cuatro pasos:

1)   Identificar el sentimiento

¿Qué es lo que sientes? ¿El sentimiento está conectado con la situación, o es una manera de manejar otros sentimientos? Ponle nombre al sentimiento. ¿Es ira, felicidad, pena, decepción, estrés, miedo, vergüenza, culpa?

2)   Quedarte en el sentimiento

Permítete tener el sentimiento. Familiarízate con lo que sucede en tu cuerpo, con los pensamientos que conlleva, con los impulsos que te da. Trata de no evaluar el sentimiento como malo o bueno, sólo vívelo. Este ejercicio es válido para todos los sentimientos, tanto los justificados como para los que no lo son.

3)   Cambia aquello que necesita un cambio

Cuando un sentimiento no es justificado puedes quedarte en él. Si el sentimiento es justificado, puede que necesites manejar la situación; por ejemplo:

- Vergüenza por haber hecho algo malo: pedir perdón y hacer lo que puedas para reparar el daño.
- Enfado después de haber sido ofendido: apartarte, tranquilizarte y expresar lo que piensas que es importante. Usa un mensaje desde una perspectiva del "yo". Yo siento que...
- Pena: buscar consuelo un rato. Después actívate de nuevo.
- Ansiedad, miedo: si es justificado, trata de cambiar la situación si es posible. Puede ser huir, hablar claramente, decir que no, hacer otra cosa.
- Felicidad: quedarte con este sentimiento todo el tiempo que puedas, permítete sentir el sentimiento sin cambiarlo por miedo de que se va a acabar.
-

4)   Quedarte en el sentimiento

Permítete tener el sentimiento. Familiarízate con lo que sucede en tu cuerpo, con los pensamientos que conlleva, con los impulsos que te da. Trata de no evaluar el sentimiento como malo o bueno, sólo vívelo. Este ejercicio es válido para todos los sentimientos, tanto los justificados como para los que no lo son.

5)   Cambia aquello que necesita un cambio

Cuando un sentimiento no es justificado puedes quedarte en él. Si el sentimiento es justificado, puede que necesites manejar la situación; por ejemplo:

- Vergüenza por haber hecho algo malo: pedir perdón y hacer lo que puedas para reparar el daño.
- Enfado después de haber sido ofendido: apartarte, tranquilizarte y expresar lo que piensas que es importante. Usa un mensaje desde una perspectiva del "yo". Yo siento que...
- Pena: buscar consuelo un rato. Después actívate de nuevo.
- Ansiedad, miedo: si es justificado, trata de cambiar la situación si es posible. Puede ser huir, hablar claramente, decir que no, hacer otra cosa.
- Felicidad: quedarte con este sentimiento todo el tiempo que puedas, permítete sentir el sentimiento sin cambiarlo por miedo de que se va a acabar.
- Salir del sentimiento, concentrarte en otra cosa.

Cuando has identificado el sentimiento, lo has vivido y has hecho lo que haga falta, hay que salir del sentimiento y concentrarse en otra cosa.

Entrenarte en soltar el sentimiento después de un rato es necesario para poder avanzar y es una parte fundamental para poder manejarlo.

Aprender a manejar los sentimientos difíciles de una manera que funcione, significa entrenarlo muchas veces. Siempre habrá recaídas. Los grandes deportistas a veces pierden, pero en general no significa que abandonen su carrera deportiva.

Si te montas a caballo o tienes hijos que lo hacen sabrás que después de caerse hay que volver a subir al caballo … ¡lo antes posible!

Volver a subir al caballo

Lo mismo ocurre para todos los comportamientos con los que tenemos problemas. A veces hay recaídas: te caes del caballo, y todo parece miserable. Así es la vida, pero al mismo tiempo no tiene sentido sentirse mal por eso.

La vida no siempre funciona de modo que todo es cada vez mejor. Para poder sentir esperanza y sentir que avanzamos, es útil saber que a veces tenemos deslices, y en la práctica esto significa que si perseveramos podremos disfrutar el mismo logro varias veces hasta hacerlo estable.

En caso de recaída, hay dos reglas básicas a seguir:

- Quedarte en la situación hasta que la ansiedad empiece a desaparecer.
- Recordar las cosas que has aprendido y cómo funciona la ansiedad. El ataque de ansiedad es la reacción de huir-luchar de tu cuerpo. ¡Es una reacción automática y no es peligrosa!

Si no logras quedarte en la situación, vuelve cuanto antes y quédate hasta que la ansiedad haya bajado. Si te parece muy difícil, busca una situación parecida pero menos perturbadora y quédate en ella hasta que la ansiedad haya desaparecido.

Después trata de volver a la situación difícil

115

ANSIEDAD - Cómo vencerla con terapia cognitivo conductual, mindfulness y ejercicio